電話嫌いな人ほど成功する

テレアポ・電話営業バイブル

尾島弘一
Ojima Hirokazu

現代書林

はじめに

あなたはテレアポや電話営業が好きですか？

電話営業やテレアポで悩んでいたり、苦手だと感じているからこそ、本書を手にとられたのではないでしょうか。

いま**テレアポと電話営業のコンサルタントをしている私も、実は電話が大嫌い**でした。

私は30歳で独立し、ゴルフ・スポーツ関連の会社を起こしました。

しかし、起業して2年目に得意先が突然倒産し、そのあおりをうけて事業を断念するしかありませんでした。そして４００万円以上の借金が残ります。

倒産で自信を失った私でしたが、営業以外に他にできることがないので、環境事業のルート営業という求人を雑誌で見つけました。

その会社に応募したところ、うまい具合にすぐに採用されることになったのです。生ごみ処理機の営業だと家族に話すと、すぐに再出発の道が開けたことにたいへん喜んでくれました。

心機一転やり直す覚悟で初日を迎えました。

会社に行くと、なぜか職場全員が電話営業をしているんですね。

それも環境とはまったく関係のない、ゴルフ会員権の販売だったわけです。

その日、私以外に6人採用されていたようですが、これを見ただけで2人が帰りました。

私も「話が違う。これは無理だ」と思いましたが、あらたに職を探すのは時間がかかります。家内に「がんばる」と言って家を出た以上、初日から尻尾を巻いて逃げるわけにはいきません。

社長に「環境の仕事と聞いたのですが…」とおずおず質問したのですが、「会員権販売でお前が稼げるようになったら、環境事業を自由にプランニングして販売しろ」と言われてしまいました。

いまの時代では、とても考えられない話ですね。

手に受話器をガムテープで巻きつけられての電話営業

よく見ると、社内は異様な光景でした。**職場全員の左手が受話器にガムテープでぐるぐる巻きつけられている**のです。トイレに行くにも食事をするにも、電話の線をはずすだけで受話器と左手は一体です。

私は電話の前に座らされ、営業マニュアルをポンと渡されました。

しかし、それを呆然と見つめるだけで固まってしまい、まったく電話ができません。**受話器を何度も持ち上げてみるのですが、電話が掛けられない**のです。

電話営業の声が騒音のように鳴り響く社内で、私だけ1時間以上、電話を目の前にして1本も掛けることができませんでした。

でも、ようやく意を決して、マニュアルを読みながら電話をし始めても、断りの連続です。


担当者につながって話ができたのは、たった2本でした。

これは最低の件数です。もちろんアポイントはあろうはずもなく、電話で話した内容すら覚えていませんでした。とても続けられないと不安になりました。


この会社は軍隊のように厳しいところでした。

アポイントがとれないと新人でもすごく怒られます。

上司が部下を怒鳴りつけるのは日常茶飯事で、鉄拳制裁も珍しいことではありませんでした。

私語は厳禁で、もちろん休憩もとれません。**朝から晩まで一日中、電話をしては断られるということが続きました。**

1週間後、数字の上がらないことに社長が激怒して、**私以外の新人全員をその場で解雇**しました。

しかし私だけなぜか指名されません。

社長から「どうしてアポイントがとれないんだ」と言われただけです。とれないものはとれないので、力不足を謝罪しましたら、自宅に電話するように言われました。

驚きながらもおずおずと家に電話をしたところ、社長が突然に受話器を取って家内に話を始めました。

「ご主人は慣れない環境のなか、必死にがんばっています。仕事ができる、できないという以前に、ひたむきな態度が何よりも重要なのです。仕事の仕方は生き方に通じます。ご主人は間違いなく社内の柱になります。毎日夜遅くなるので苦労をおかけしますがご主人を応援してください」

本当に驚きました。

事業を断念したときも弱音を吐かない自分でしたが、このときばかりは自然に涙があふれてきました。

電話が嫌いな人ほど、テレアポ・電話営業で成功できる

私はその日から変わりました。まずトップ営業マン数人のトークを研究しました。
どうして数字が上がるのかを考えました。
そして**ある法則に気がついた**のです。
同じトークをしても、数字が上がる人もいれば、上がらない人もいます。
それは**「トークの内容以外に何かある」**のだと気づいたのです。
私は社長にそのつど疑問に思ったことを質問しました。
社長は営業の達人でしたので、すべてに丁寧に答え、指導してくれました。
私は少しずつテレアポ・電話営業のポイントをつかみ始めたのです。

私の経験では**「テレアポや電話営業が嫌だ」という人ほど成功します。**

それは電話の持つ特長を肌で感じているからです。

電話は突然鳴るものですし、どういう状況であれ優先されるものです。そして電話をする側は、電話にでる人の状態がまったくわかりません。

もしかしたら人の生死にかかわる電話連絡を待っているかもしれないのです。そういうところに電話営業をしてしまったら――と考えると怖いです。

でもその怖さはお客様に対する配慮からです。

自分の都合で掛ける電話だからこそ、お客様への配慮ができる人ほど成功する可能性があるのです。

電話嫌いの私がたちまち成績トップになった

電話は優先度が高いため、販売だとわかった瞬間にその反動で警戒心が強く働き、反射的に切ろうとします。

つまり、どんなよい話でも聞く気がないわけです。緊急度が高い分、重要でないと判断されると、このようなリアクションになります。

だからこそ警戒を注意に変え、注意を興味に、興味を関心にどう変化させるかということが重要なのです。

要するに、**商品説明だけではお客様の感情が動かない**のです。

よほどお客様が困っている状態―砂漠で水を売っているような状況でない限り、商品の特長を説明してはいけません。

私は感情には鏡の原理があることに気がつき、**感情を移入するエンパシートークを考案**しました。

そして瞬く間に売り上げトップになりました。

あがり症でしゃべれない同僚に私のやり方を教えて、彼をトップ営業マンにすることもできました。

そのノウハウをすべて公開したいと思います。

初心者でもすぐに結果がでるエンパシートーク

本書を読めば、**電話が苦手な人でも3日で結果がでます**。

まず1日目はテレアポ・電話営業で結果をだすためのノウハウを学んでください。

そして2日目は、エンパシートークがあなたの営業している商品やサービスで、どのように応用できるかを実際に紙に書いてお考えいただきたいのです。

会社名の名乗り方、スクリプトの作り方、クロージングのやり方などについて、具体的に書いていますので、あなたの仕事に取り入れるのはたやすいはずです。

3日目は電話をして、それらを試してみてください。反応がよいもの、会話になりやすいもの、本音を聞き出しやすいものを確かめながら修正していってください。

また、管理職の方にもぜひお知らせしたいことがあります。

それは「本書のノウハウは個人だけではなく、組織で効果がだせる」ということです。努力をしていても結果がでない人、テレアポや電話営業に悩んでいる人を企業は何としても育てないといけません。つぶしてはいけないのです。

この人材育成術についても本書で解説しています。

「ありがとう」「おかげさま」の気持ちを持ち、素直さと謙虚さを胸に秘め、信念のパワーを持って、正しい営業手法を身につければ、**誰でも絶対に売れる**のです。売れないということは絶対にありません。

ぜひ、本書をご活用されて、**結果をだすという喜びを体感してください**。

私も一生懸命応援します。

平成21年4月

尾島弘一

目次

はじめに 3
手に受話器をガムテープで巻きつけられての電話営業 5
電話が嫌いな人ほど、テレアポ・電話営業で成功できる 8
電話嫌いの私がたちまち成績トップになった 9
初心者でもすぐに結果がでるエンパシートーク 11

第1章 あなたのテレアポ・電話営業はなぜ結果がでないのか?

私も電話が大嫌いだった 20
前振りが長いトークは絶対にダメ 21
断られる恐怖心がトークを長くする 22
アンケートやプレゼントは厳禁 23
電話とはいったい何なのか? 25
断られたのは「あなたが嫌われたから」ではない 26
テレアポ・電話営業の落とし穴1
自分から断られるトークをする「電話代無駄使いタイプ」 30

テレアポ・電話営業の落とし穴2
ちょっと断られると意気消沈する「がっかりタイプ」 33
テレアポ・電話営業の落とし穴3
まるで幽霊のように電話をする「おっかなびっくりタイプ」 37
テレアポ・電話営業の落とし穴4
トークが上手でも成績が上がらない「おしゃべりタイプ」 40
テレアポ・電話営業の落とし穴5
お客様のことを考えないでとにかく押す「どすこいタイプ」 42
もう怖がることはない！　電話の反応は4つのパターンしかない 44
もう心配いらない！　お客様の断り方も4つのパターンしかない 47

第2章

10秒で決める「エンパシートーク」7の法則

テレアポと電話営業は最初の10秒で決まる 52
どうすればお客様の警戒を解くことができるのか？ 53
特定商取引法を順守しながら、お客様の警戒を解くトーク 56
あなたの感情がお客様の感情を動かす 59
なぜスーパーの試食販売は売り上げアップに結びつくのか？ 62
会社名を名乗るだけで、お客様の警戒を関心に変えるトーク 64
エンパシートークの法則1「絶対の自信を持つ」 67

エンパシートークの法則2「明るい、大きな声で、ゆっくりと話す」 69
エンパシートークの法則3「語尾に気をつける」 72
エンパシートークの法則4「楽しい雰囲気をつくる」 75
エンパシートークの法則5「身振り手振りを加える」 80
エンパシートークの法則6「主導権をとる」 83
エンパシートークの法則7「エンパシーワードを使う」 85

第3章 おもしろいようにアポがとれるテレアポ成功法

テレアポと電話営業はどこが違うのか？ 92
ゴールデンタイムとデットタイム 93
ゴールデンタイムはターゲットによってこんなに違う 94
ゴールデンタイムの見つけ方とは？ 97
受話器を持つ前に今日の結果は決まっている 98
役に立たないスクリプトを使っていないか？ 99
成績アップに直結するスクリプトの作り方とは？ 103
スクリプトの準備ができたなら 118
ついつい見逃してしまう、スクリプトの落とし穴とは？ 119
エンパシートークを使ったテレアポ成功法1
「断りを封じるトークの第一声」 121

エンパシートークを使ったテレアポ成功法2
「担当者を確実に見つける法」 125
エンパシートークを使ったテレアポ成功法3
「高確率でアポイントをとるためのクロージング」 129

第4章

たちまち結果がでる電話営業の極意

電話1本で高額商品を売ることができる 134
電話営業とテレアポはここが違う 136
電話営業はなぜ難しいのか? 137
電話営業のスキルが劇的にアップする見込み客ノートの作り方 139
初回電話から契約までの流れ 142
初回の電話営業で効果を発揮するエンパシーワードとは? 144
電話営業で結果をだすために必要なリサーチ力とは? 147
断られる質問をしていないか? 149
自然と主導権がとれてしまう質問とは? 151
お客様の本音を聞きだせる質問とは? 153
見込み客を選別できる資料送付のちょっとしたコツとは? 155
資料送付には2つの意味がある 158
FAXで資料送付するときの有効なテクニックとは? 162
どうすれば初級者でもすぐに結果がだせるのか? 163

初心者がめきめき上達して契約がとれる秘策とは？ 164
初心者でも有力顧客を見分けられるトークとは？ 166
購入しないお客様を見分けるためのルールを作ろう 168
エンパシートークを使った電話営業の極意1 **「断りを受け止める」** 173
エンパシートークを使った電話営業の極意2 **「本音の確認」** 175
エンパシートークを使った電話営業の極意3 **「お客様の人間性をつかむ」** 177
エンパシートークを使った電話営業の極意4 **「イエスと言わせるクロージング」** 180
エンパシートークを使った電話営業の極意5 **「クロージングで断られたときの秘策」** 182

第5章

売り上げが3倍アップする「ピラミッド方式」

テレアポ・電話営業で最大の効果を生む「ピラミッド方式」とは？ 188
テレコーラー・リサーチャー・テレパワーの違い 190
落ち込んでいる人を救う「テレコーラーの育て方」 192
伸び悩みを解決する「リサーチャーの育て方」 195
メールとネットを組み合わせれば相乗効果がある 198

第6章

知らないと損をする「リストの集め方」と「スランプ脱出法」

成功率を上げるための法人リストの作り方 206
成約数がぐんぐん伸びる個人リストの作り方 207
なぜスランプになるのか？ 209
トークが早くなったときのスランプ脱出法 211
初心者に効くスランプ脱出法 213
中級者に効くスランプ脱出法 214
上級者に効くスランプ脱出法 216
スランプはもう怖くない！ 218

あとがき 220

コラム

●テレアポ・電話営業で自滅しないための7か条
●個人情報保護法の対策
●初心者でもテレアポで成功できるちょっとしたコツ
●お客様を真剣にさせるには？
●テレアポ・電話営業で成功する習慣とは？

第1章

あなたのテレアポ・電話営業はなぜ結果がでないのか?

私も電話が大嫌いだった

私は企業の依頼を受け、テレアポや電話営業のコンサルティングをするときは、現場のスタッフと一緒になって電話をします。

こう書くとテレアポや電話営業が大好きなようですが、決してそうではありません。テレアポや電話営業を数多くの人に指導してきましたが、私ほど電話ができなかった人を見たことがありません。

受話器を握った手がブルブルと震えて電話も掛けられないような状態でした。

断られることが恐怖で、その不安に押しつぶされそうになっていました。

いまでは電話営業を始めたときのように緊張することはなくなりましたが、好きになったわけではありません。

好きではなくても、テレアポと電話営業を自分の仕事にしたのだから、電話をするからには楽しくやろうと心掛けているくらいです。

前振りが長いトークは絶対にダメ

私が電話営業をやり始めたときは、**断られたくないという気持ちでいっぱい**でした。

だから本題に入る前に、**どうしても振りが長くなります。**

「今日お電話しましたのは、ゴルフ会員権のご案内でして、とても非常に人気のあるゴルフ場を、お安い価格でご提供をしておりますので、ぜひ、ご検討をしていただきたいと思っております」

文章を長くしていたのは、短いとすぐに断りの返事がくるのではーと怖れていたためです。

また「ガチャ切り」も恐怖なので、すごく早口で話をしていました。

断られる恐怖心がトークを長くする

実は**トークの文章が長いと、お客様の理解度が弱まりますし、興味も起きにくくなります。**

早口は理解しにくいだけでなく、何となく信用性がない印象を与えます。

早口の人が話す商品メリットはうさん臭さが漂い、「そんなうまい話があるものか」とお客様が疑問を抱きやすいのです。

しかし当時はこんなこともわからず、断りに対する恐怖心だけで電話をしていました。

当然、結果は駄目に決まっています。

でも、そのときいた会社では同じようなトークをしている営業マンは多く、他の社員から問題であることを指摘されませんでしたので、しばらくまったく気がつかずに続けていました。

アンケートやプレゼントは厳禁

「お忙しいところ失礼します。○△ゴルフですが、お客様は年に何回ぐらいゴルフをなさいますか？」

「ホームコースはどこかお持ちですか？」

このような会話をしてから、本題に入ることもよくしていました。

「実は今日お電話いたしましたのは…」と名前も名乗らない電話は実際によくありますよね。

電話にでるといきなりアンケートと称したり、何かのプレゼントだと言ったりして興味をひくのも同様です。

これには、ダメな理由がふたつあります。

そのひとつは、決定的な理由として、現在は特定商取引法違反になることがあげられます。

テレアポや電話営業をおこなう場合、個人情報保護法もそうですが、特定商取引法を遵守しないといけません。

電話を掛けたときに、次の4項目を伝える必要があります。

- **事業者の名称**
- **勧誘をおこなう者の氏名**
- **販売しようとする商品の種類**
- **契約の締結について勧誘する目的**

つまり、これを省くと特定商取引法違反になります。

もうひとつのダメな理由は、断られまいとするために策を労するのは結局、心のどこかで怖がっている証拠で、消極性につながるからです。

そんな気持ちで電話をしていると、聞かなければならないところをお客様に聞かなかったり、自分に都合のよい思い込みで話を進めてしまったりしてしまいがちです。

そうなると、何回電話をしても結果はでませんし、技術力も上がりません。

電話とはいったい何なのか？

電話は非常に優先度の高いツールです。

もし急ぎで何かを伝えなければならないとき、例えば親類の不幸などを伝える場合は、ほとんどの人が電話を使います。メールということはありえませんね。

また夜中にいきなり電話が鳴るとします。

きっと何か重大な出来事が家族・親戚・友人に起きたのかと思い、慌ててでる人がほとんどではないでしょうか。

このように**電話は、受ける人が何をしているかを無視する、緊急度が非常に高い連**

絡手段なのです。

私は電話営業の経験が長いので、お葬式のときに掛けてしまったことも1度や2度ではありません。

また本人にとって、とても大事な連絡を待っているときに掛けてしまったこともあります。

病気で寝込んでいるところに電話をして迷惑をお掛けしたこともありますし、具合が急に悪くなって動けない人に電話し、助けを求められたこともあります。

緊急度がものすごく高いからこそ、電話の活用法が重要になるのです。

断られたのは「あなたが嫌われたから」ではない

お客様は、個人的にあなたが嫌いだから断るのではありません。

依頼をされたわけでもなく、あなたが勝手にお客様に電話をしたのです。

つまりあなたの都合で掛けている以上、多くのお客様にとって必要性が高くないということです。

電話は緊急度が高いため、何よりもまず優先して電話にでようとします。その結果、それが勧誘であったなら、お客様が話をしたくはないと思うのは当たり前です。

断られて当然なのです。

周りを見てください。断られているのはあなただけですか？ あなたの同僚も同じように断られているはずです。

断られる理由はあなたにはありません。まして嫌われているわけでもありません。

まずこのことを認識しましょう。

さらに、名乗った途端に電話を切られる「ガチャ切り」が怖いという声もよく聞きます。

この「ガチャ切り」の恐怖は、結果に対して自信がないために生じるものです。暗闇の猫が怖いと感じるのと同じで、怖い対象が猫ではなく暗闇なのです。

成績が上がり電話に慣れるにつれ、快感だとは言いませんが、**「ガチャ切り」を笑っていられるようになります**。

それは電話のすべてが「ガチャ切り」ではないからです。

また、こちらからはお客様の状態がわからない――という当たり前のことも理解しておかないといけません。

つまり視覚情報がないのです。

お客様のことがわからない状態、つまり気にすることなくアプローチができ、なおかつ緊急度が高いために話を聞いてくれるということは、営業をする側からみれば効率がよいのです。

しかし、電話をすることは、土足で家の中に勝手に入り込んでいく面があるということを忘れてはいけません。

この**電話の特性を理解し、なおかつ配慮ができる人こそ、電話というツールを最大限に活かせる**人なのです。

なぜ電話嫌いがテレアポ・電話営業で成功できるのか？

テレアポや電話営業が苦手

⬇

苦手な理由

- 電話だと極度に緊張する→電話の持つ特徴・重要性・緊急性を肌で感じている
- 気が小さい→お客様に配慮ができるということで、つまり話を聞く力がある
- あがり症→流れるようなトークはできなくても、ゆっくりとならしゃべることができる

⬇

テレアポ･電話営業の秘訣を習得する素質がある

⬇

3つのことを知るだけで劇的に変わる

- 電話の持つ特性を知る
- 断りの反応がおきる理由を知る
- テレアポ・電話営業の正しい手法を知る

⬇

強烈な断り・ガチャ切り

⬇

自信が揺らがない・恐怖心が消える

⬇

普通の人と比べ、すぐに結果がでる

テレアポ・電話営業の落とし穴1

自分から断られるトークをする「電話代無駄使いタイプ」

それではコンサルティングする会社の現場でよく見かける成績が上がらない5つのタイプを紹介いたしましょう。

まずひとり目のタイプです。

自分から断られるトークをするはずはないと誰もが思うでしょうが、意外にこれが多いのです。

「いまお忙しいでしょうか？」
「いまお話しても大丈夫でしょうか？」

携帯では礼儀ですね。でもテレアポや電話営業で会社や個人宅に勝手に掛けているのですから、いまさらこのようなことを言っても意味がありません。

「忙しいよ」と断られる回答を引き出しています。

「お忙しいところ失礼します」で十分です。

「むずかしいでしょうかね？」

「今回は無理ですかね？」

難しいかどうかはお客様が判断することで、自分で先に発言してしまうことで、**「難しいね」という回答を促しています。**

断られることに恐怖を感じているため、ついつい言ってしまう人がいるのです。

「あぁご不在ですか？　いまの時期は遅いでしょうね。ちなみに御社では事務機のリースについてご利用はされていますか？　あぁそうですか。ご担当者でないとわからないですよね。リースと言いましてもいろいろございまして、弊社の場合…」

担当者が不在の場合、ここぞとばかりに営業する人がいます。

「しつこい人から電話があった」などというマイナスイメージを持った伝言をされたり、次回の取次ぎを断られたりします。

テレアポや電話営業は、１件あたりのコストは高くないのですが、月にまとまると膨大な電話料金です。

自分から断り文句を誘導するトークや、無意味な会話は電話をしている本来の目的から外れています。

こういう電話をすると売り上げ不足だけでなく、コストが余計にかかるので、本人は真面目に電話していても、会社にとっては早く指導をしなければ大きな損失です。

「電話代無駄使いタイプ」は、心のどこかで「また駄目か」と思っていることが特徴です。

消極的な気持ちがトークに表れています。

このケースに該当する人は真面目なタイプが多いです。

「駄目でもともと」という前向きな姿勢になるだけで、売り上げが急激にアップする可能性が大きくあります。

テレアポ・電話営業の落とし穴2

ちょっと断られると意気消沈する「がっかりタイプ」

「がっかりタイプ」は典型的に初心者が多いです。また自信喪失した人やスランプ中で迷路のなかに入ってしまって出口が分からない人も該当します。

電話をして、即契約やアポにつながるのは理想です。のちほど書きますが、そういうお客様も確実にいらっしゃいます。

しかし、ほとんどが断りです。

販売するための感情移入（エンパシートーク）は下手でも、断られたときの感情表現は非常に見事な人が多いです。例を示します。

「そうですかぁ…」

横から聞いていても、すごく落胆しているのがわかる場合があります。

そんな方に申し上げたいのは、**絶対に語尾を弱くしない**ということです。

「そうなんですか」と、**むしろ語尾に力を込めるとよい**のです。

「こんなよい商品なのにどうして？」という感じですね。

またお客様がいったん断ったあと、それとは直接関係ない内容を話している途中に

「わかりました」と降参してしまう人がいます。

現在、私のところには売り込み電話が多いのですが、半分以上、私が「いまはいらない」と言うと、その時点であきらめるケースが多いです。

電話の上手下手ではなく、断りで落胆してしまっているのです。

もう少し粘ればよいのにと思うことは少なくありません。

つまりお客様が「えっ。もういいの？」ということが随分あり、まだ入り込む余地はあると申し上げたいです。

またこのタイプの人は、「ですが止め」を多く使います。

「ご検討いただきたかったのですが…」
「お役に立てると思ったのですが…」
「コスト削減になるのですが…」

「ですが止め」には、残念ですという感情が伝わります。
「それじゃあ、次の機会で」とお客様に言われて終了してしまいます。

「ぜひ、ご検討をいただきたいのです」
「お役に立てるかどうか、お試しください」
「コスト削減になります」

電話は視覚情報がないので、あなたの謙虚な人柄は伝わりません。

絶対に言い切ることです。

テレアポ・電話営業の落とし穴3

まるで幽霊のように電話をする「おっかなびっくりタイプ」

「おっかなびっくりタイプ」も初心者に多いです。

不在にホッとするタイプです。

不在だと思ったところ、急に強い声の男の人が電話にでようものなら大慌てしてします。

「お忙しいところすみません。笑顔ライフの尾島と言います」

「何のようだ？」

「すみません。健康食品のご案内です」

「いらない電話を掛けてくるな」

「すみません」

「どうせ、ろくでもない商品だろう」
「どうもすみませんでした」

極端な例ですが、主導権をお客様にとられています。

自分の都合で電話をしているのに、実際にお客様がでると慌てたり、焦ってしまうのです。

わからない質問がでる場合も同様です。

「すみません。ちょっとわかりません。慣れていませんので」
「じゃあ、慣れてから電話しろ」

こんなふうに言われると、ますます電話への恐怖心が大きくなります。

しかし、それは電話自体が怖いのではないのです。

「失敗する自分」「うまくしゃべれない自分」「自信のない自分」が怖いのです。

自信さえあれば、知識がなくても堂々と電話で話せます。

例えば先ほどの場合でも、このように答えることができるでしょう。

「慣れてからですと私は頭が悪いので何年も経ってしまいます。それほど商品のよいところが多いので、恐縮ですが、いまお電話をしています」

電話が噛みついたりすれば怖いでしょうが、電話は噛みつきません。

怖い正体は消極的な自分の態度なのです。改善する早道は、同僚がトークで詰まっているところを聞くことです。**あなただけが断られているのではないことがすぐわかるでしょう。自信を持てばよいのです。**

テレアポ・電話営業の落とし穴4

トークが上手でも成績が上がらない「おしゃべりタイプ」

会社でトークを聞いていると非常にうまい人がいます。

立て板に水のような流れるトークで、営業マン全員がうまいと認めています。

でも、そんな人こそ、数字がでません。

それはお客様の反応をとれないからです。


「私は笑顔ライフの尾島と言います。健康食品のご案内でお電話しています。私どもでは…」

「そうですか～。そんなことをおっしゃらないでくださいよ。この商品は他ではないすばらしい特長があります。それはですね…」

「いやいや、おっしゃることはわかります。実際に試していただけるとご理解される

のですが、この商品はヒアルロン酸も複合しています。ヒアルロン酸は…」

商品説明は横で聞いている限りはしているのですが、もしお客様が最初に「いらないよ」と言って、次に「まったく必要ないです」と返答しているとしたらどうでしょうか？

単に商品特長をテープで流しているのと変わりがありません。

なお、「おしゃべりタイプ」の人は、早口な人が多いです。

とにかくメリットを伝えることだけに終始し、お客様の反応にあったトークができていないのです。

商品知識がしっかりあり、会えば人のよい感じが伝わるのですが、電話になると焦ってしまい、早口になるのがこのタイプです。

テレアポ・電話営業の落とし穴5

お客様のことを考えないでとにかく押す「どすこいタイプ」

「どすこいタイプ」はテレアポに多いです。


「ぜひご説明にお伺いいたします。明日の午前中はどうですか？」

「だめですか。では明日の夕方にしましょうか？」

「お忙しいですねぇ。明後日の午前ならどうですか？」

「え〜、必要ないのですか？　そうですか」

自分で勝手に電話をしておいて、断ると文句を言う人すらいます。

お客様の反応をみるどころか、配慮もないので、お客様が関心も興味もないアポイントしかとれません。

またはお客様が商品やサービスの販売とは理解していないケースすらあります。訪問して商談しようとすると「なに？　アンケートじゃなくて、結局、勧誘なわけ？」とお客様に怒られるだけで、無駄足になります。

先日こういう電話が私のところにありました。

「おめでとうございます。サービス変更でこれから電話代が安くなります。つきましては明日の夕方お伺いいたします。空けて置いてください」

「ＮＴＴですか？」

「安くなるのでよかったですね。この回線以外の番号をおっしゃってください」

「ＮＴＴでなく、もし電話料金に関する勧誘であれば、特定商取引法違反ですが、あなたの会社名と名前をおっしゃってください」

「……」
「会いに来るなら、どうぞ来てください。法違反があれば貴重な時間の損失を含め、私は闘いますがよろしいですか？」
「……すみません。勧誘です」

委託された会社のアポインターだそうですが、アポイントをとったあと、その会社の営業が知らずに打ち合わせに行くと、クレームになるケースは多いだろうと想像できます。

アポはとれるでしょうが、所詮、仕事に結びつきません。

どすこいタイプは、もっともクレームになりやすいので注意が必要です。

もう怖がることはない！ 電話の反応は4つのパターンしかない

テレアポや電話営業に恐怖心を持っている人に聞いてみると、「相手がどんな反応をしてくるのかわからないので怖い」と言います。

しかし、電話にでたお客様には4つのパターンしかありません。

これさえわかれば、いままで何に怖がっていたのか、自分自身で不思議に思うことでしょう。

①緊急度が高く、重要度も高いと感じているお客様

例えば「故障して、新しい車を探そうとしている」とか、「父親ががんになって、保険の必要性を感じ、自分もいまのうちに入らなければと考えている」などです。

自分自身で広告をチェックしたり、インターネットで比較などし、すでに動いているお客様です。

しかし、運良く巡り会う可能性は低く、競合も多くなります。

こういうお客様であればトークが稚拙でも、知名度と商品力さえあれば契約が可能です。初心者がアポや契約をとれるケースのほとんどがこれです。

②いずれ検討する必要があると感じているお客様

例えば「いまは問題なく乗っているが、1年後に車検があるので買い換えようかと考えている」などがそうです。

基本的には話を聞いてくれますが、緊急性はないと考えています。

どのようにしたら「お客様の決断を早めさせることができるのか」、また「関心が高まった時期にうまく再アタックできるのか」が決め手です。

③必要性に気がついていないお客様

「どんな条件か金額かも知らないが保険には加入している人」とか、「実はもっとよい商品やサービスが他にあるのに、現状に何も不満はない人」などがこれにあたります。

つまり「必要でない」もしくは「購入済や検討済」と考えているのです。

これらの人はテレビ・新聞・口コミなどで情報を得た場合、急に関心を示し始めることがあります。

もちろんテレアポや電話営業のトークの中身次第で、お客様の関心度を急激に高くすることも可能です。

問題点を指摘し、「放置したら近い将来大変なことになります」と恐怖をあおるのがよく使われる手法です。

④必要がないお客様

まったく必要性がなければ当然、断りになります。

つまり、**お客様のパターンはこの4つしかありません**。

知ってしまえば「なーんだ。こんなものか」と思われたことでしょう。

もう心配いらない！　お客様の断り方も4つのパターンしかない

断りには4つの意味があります。

①いまはいらない
②いまは話ができない、もしくは話をしたくない
③売り込まれたくない
④将来もいらない

これらは全部「いらない」という断りになるのです。


なぜ断りになるのでしょうか？

何度も言いますが、電話は緊急度が高いツールです。

だからこそお客様は、いまの自分の状況を差し置いて最優先に電話にでるため、それが勧誘や販売だとわかると、不機嫌・無反応になるのです。

もしそこで警戒が生じると、「話を聞くまでもなく断り」となります。

だからこそ、まずは商品を売り込むことではなくて、身分を証明したうえで（特定商取引法遵守）、**警戒を解くトークを展開することが大事**なのです。

なお、私の考案したエンパシートークさえ使えば、どのタイプの断りであっても、検討の段階まで持ってくることができます。**トークに感情移入することで警戒を解き、断りの理由を掘り下げることで、購入へと結び付けていく**のです。

では、次の章では、私が考案したエンパシートークについて説明していきましょう。

column

テレアポ・電話営業で自滅しないための7か条

テレアポ・電話営業で結果がでないと落ち込んでいませんか？

それなら次の項目をチェックしてみてください。

①がっかりしない
②ため息をつかない
③悲壮感を持たない
④弱気にならない
⑤怖さを取り違えない
⑥受話器の向こうの針が落ちる音も聞き漏らさないほど集中する
⑦お客様の反応を見極める

この７か条に注意しながら電話をすることで、結果がガラッと変わってきます。

第 2 章

10秒で決める「エンパシートーク」7の法則

テレアポと電話営業は最初の10秒で決まる

何度も言いますが、電話は極めて緊急度が高い通信手段です。

だからこそ、受話器を取った最初の10秒はどんな人でも集中しています。

法人であれば「お得意様か」「お問い合わせか」「クレームか」と聞き漏らさないように注意しています。

個人であれば、何か重要な電話かもしれないという気持ちが無意識に働き、受話器を取ります。

この**受話器を上げた10秒に、すべてがかかっている**と言っても過言ではありません。

法人であれ個人であれ、忙しいのに優先して電話にでたとするならば、**勧誘や営業だとわかった瞬間に、戸惑い・不機嫌・無反応・警戒といった「気持ちの反動」がでます。**

テレアポや電話営業をする場合、電話の相手がこのような心理状態であることを想定しておかないといけないわけです。

戸惑い・不機嫌・無反応を通り越し、警戒の反応がでると、人は電話を切ろうとします。

ここまでの間が約10秒です。

テレアポや電話営業で、この警戒反応を解くために多くの手段が試されてきました。

どうすればお客様の警戒を解くことができるのか？

「お忙しいところ失礼します。保険のアンケート調査をしています」

「こんにちは。○△保険のＣＭでよく使われている歌をご存知ですか？」

その他に「キャンペーンです」「プレゼントです」といった営業トークもあります。

また「社名や名前を名乗らない」とか「最初に販売でないと言う」などさまざまな手法も存在します。現にそれを奨励している本すらあるほどです。

「警戒を解く」ということだけをみれば、一定の効果がないではありませんが、大事なことを見落としています。

先ほども書きましたが、特定商取引法違反だということです。

つまり、テレアポや電話営業は詐欺やだましが非常に多いので、法律で守られているのです。


「調査の結果、御社の電話料が安くなりますので、お伺いいたします」

「貴社のホームページを拝見し、弊社のお客様をご紹介することに決定しました」

「貴社のために、取材させていただきます」


こういう電話を突然受けることがあります。

何か得する話かと聞いていると、「新規電話契約」「フランチャイズ」「広告」の営業なのです。

お客様にメリットを伝えるのは大切ですが、営業だとわかった瞬間、お客様は当然ですが怒ります。「こんな業者にご注意」とサイトで簡単に公開される時代になりましたので、個人のお客様を決して甘く見てはいけません。

もちろん特定商取引法を違反すると罰則があります。いちばん重いのは2年以下の懲役又は３００万円以下の罰金に処し、又はこれを併科するという記載があります。

法令違反は社会信用を失いますので、知らなかったではすまされません。

特定商取引法を順守しながら、お客様の警戒を解くトーク

特定商取引法を遵守するトークは簡単に言うとこうなります。

①会社名を名乗る
②自分の名前を名乗る
③販売商品を伝える
④勧誘販売目的を伝える

もっと具体的に言いましょう。例えばこうです。

「お忙しいところ失礼します。株式会社笑顔ライフの尾島と申します。○△保険会社のがん保険を取り扱っておりまして、保険の勧誘でお電話いたしました」

これは法令順守です。しかし、このトークでは警戒が解けません。

いらないと言う言葉を引き出すようなトークです。

だからといってアンケート・プレゼント・関係ない問いかけはすべて違反行為だということを知らなければなりません。

お客様から指摘されてから、「知りませんでした」では通用しません。

保険勧誘などの場合、お客様が金融庁にクレームを伝えればどうなるかは業界の人なら容易に想像がつくはずです。

ではどうしたら、お客様の警戒を解くことができるでしょうか。

特定商取引法を遵守すると警戒を解けないというのは大きな間違いです。

さて、これらのハードルをどうクリアするかをお教えします。

・何となく楽しそう
・明るくてさわやか
・礼儀正しい
・好感が持てる
・面白そう
・何か他の勧誘と違う

「なんだ、こんな単純なことか」と思われたかもしれませんが、お客様がこのように感じれば、電話を切らずに話を聞いてくれます。

つまり**電話をしてからの10秒に、これらの印象をお客様に与えないといけない**わけです。

お客様がこのように感じるには「エンパシー」つまり**感情移入しかない**と私は考えます。

あなたの感情がお客様の感情を動かす

お客様の感情を動かすにはどうすればよいと思いますか？

答えは単純です。

あなたが感情を入れることしか方法はありません。

感情というものは自然に伝わるものです。感情は人から人へ伝染します。

それは対面でも電話でも同じです。

自分の感情を移入していけば、よく掛かってくる電話営業とのかすかな違いをお客様は気づきます。

私のところにも、毎日たくさんの営業の電話が掛かってきますが、ついつい話を聞いてしまうのは、やはり感情移入が上手な人です。

感情の働きを知るための5ヶ条

1．感情は人から人へ伝わるという「鏡の法則」がある

2．人は常に何かしらの選択をしているが、感情が決定のポイントになる

例.「どうせ食事をするなら、○△さんの笑顔がいいから、あそこにしよう」

「遠いけれども、○△さんに会いたいからあそこで買い物をしよう」

3．感情が動きやすいもの

ひたむきさ・情熱・誠実さ・夢・信念・涙

4．感情が動くと「あなたを知りたい」「商品を知りたい」と、人はコミュニケーションを自然に求める

5．感情が動き、コミュニケーションがとれると、お客様は商品を真剣に検討するようになり、自然にアポや成約に向う

同じスクリプトを読んでいたとしても、成績に違いがでるのはなぜでしょう。

それはスクリプトに感情移入することで、お客様の感情に訴えることができているからです。

つまり商品説明力は同じであっても、**お客様が聞く気になっているか、なっていないかの差**なのです。

命の危険に関係しないもの以外、**ほとんどの商品やサービスは実は衝動的に購入されている**といっても言い過ぎではありません。

まったく関心のなかった商品やサービスであっても、最初に警戒を解き、気持ちを注意から興味に移行させると、自然と検討段階に入り、購入へとつながるのです。

つまり、電話営業はものすごい短時間に衝動購入させることができる強力なツールなのです。

衝動的に欲しくなるには、感情が動かないと駄目です。

もしお客様が感情を動かされなくても購入するなら、電話口で営業トークを録音したテープを流せばよいことになります。

なぜスーパーの試食販売は売り上げアップに結びつくのか？

ウインナーなどの試食販売をしているデモンストレーターがスーパーにいますね。

そこに、何度も何度も同じ子供が食べに来たとします。

もしも、デモンストレーターがこう言っているのを傍であなたが聞いたらどう思いますか？


「何度も食べにきては駄目よ。お母さんは近くにいないの？」


あなたはウインナーを買う気はおきないでしょう。

おそらく、周りで会話を聞いていた他の人も同じではないでしょうか。

なぜなら、デモンストレーターの言っていることは正しくても、あなたの感情が動かされていないからなのです。

スーパーの試食販売の仕掛けはこうです。家族みんなでウインナーを食べている姿をイメージさせ、それを感情に訴えることで、人は衝動的に購入するわけです。

デモンストレーターは「何度も食べにきてくれてありがとう。おいしい？」と子供に話し掛けます。

そして「ぜひご家庭でお試しいただけませんか？　おひとつ、いかがでしょうか？」と周りのお客様を見ながら話します。

こうすることが「子供が何度も食べにくる事実」と「このデモンストレーター

の人柄」、さらに「夕飯のイメージ」が組み合わされて、お客様の感情を動かしていくのです。

会社名を名乗るだけで、お客様の警戒を関心に変えるトーク

テレアポや電話営業では、最初の10秒が重要であることはおわかりいただけたでしょう。

最初の10秒は「楽しい・明るい・親しみ」といったプラスの感情を込めて警戒を解くことに集中してください。

商品の説明をすることではありません。商品説明はお客様の関心がでたあとです。

それをいきなり商品説明に入るため、衝動的な意欲が起きないのです。

では具体的にお話していきましょう。

特定商取引法を遵守するため、切り出しは限りなく凝縮します。

「お忙しいところ失礼します。○△（保険会社名）の代理店、笑顔ライフの尾島と申します」

個人の場合であれば、「お忙しいところすみません」とか「恐縮です」と簡単に済ます方法もありますが、法人の場合は丁寧にしなければなりません。

このあとに続けます。

「がん保険の推進活動をしていますが、どちらかがん保険はご加入されていますでしょうか？」

「○△（販売商品）をしていますが、○△（質問）でしょうか？」のように、販売目的を言って、すぐ質問形式にしてしまうのがポイントです。

法人の場合は「社長様はいらっしゃいますか？」とか、「福利厚生のご担当者はいらっしゃいますか？」などとつなげます。
ここまで話したあとに、会社名にもう一言、付け加えるのがポイントです。

「○△市の皆様のご安心をお届けしています笑顔ライフの尾島です」
「サイト成功プランナー笑顔ライフの尾島です」
「サポート力がいちばんという評価を得ているソフト開発メーカーの…」
「健康を守るエアコン快適クリーニング運動をしている…」

自分の会社の「使命・ポリシー・信念」を「楽しい・面白い・インパクトがある」言葉で表現しましょう。そうするとお客様の警戒度が薄れ、好奇心を引きだすことになるのです。

エンパシートークの法則1

「絶対の自信を持つ」

お客様の感情を動かし、関心を高めさせることによって、アポイントや商品（サービス）を売る――というのが、私の考案したエンパシートークです。

エンパシートークなら、一気にお客様との距離を縮めることができます。

だからこそ、本来困難とされた高額商品や遠方地域であっても、テレアポや電話営業でたちまち結果がでているのです。

また感情移入でお客様との距離が縮まると、購入や契約後のフォローがしやすくなり、知人をお客様として紹介してくれる事例も多くでてきます。

エンパシートークには7つの法則があります。

この7つの法則さえ守れば、**誰でもお客様の感情を思いのまま操ることができます。**

最初の法則は「絶対の自信を持つ」ことです。

商品やサービスをよく勉強して、「絶対によいから勧めるのだ」という信念を持ってください。

それには商品を実際に試したり、競合他社を研究したり、勉強することです。

営業マンのほうが、テレアポインターよりアポイントを多くとれるのは、商品や業界の知識が深いからです。

自信を持つということは、商品だけに限りません。

重要なのは、電話をする行為にも自信を持つ必要があることです。

特に初心者に多いのですが、電話することに恐怖心がある場合はなおさらです。

「こう言われたらどうしよう」とか「断られるかもしれない」「うまくいかないのではないか」といった消極的な気持ちを捨てないといけません。

少なくとも、商品についてはお客様以上に知識があるのですから、自信を持ってください。

自信がないと感情をうまく込めることができないのです。

前にも述べましたが、お客様は４つの反応しかしません。怖がることは何ひとつないのです。

エンパシートークの法則２
「明るい、大きな声で、ゆっくりと話す」

明るい声をだすと、まず自分自身が楽しくなり、仕事にも前向きになります。

でも、明るい声とよそいきの声は違うことを知ってください。

電話になるとひとつ高い声とか、狼がおばあさんに化けているような声になる人がいますが、かえってお客様を警戒させてしまいます。売込・案内・騙しのイメージをお客様に与えます。

難しく考えずに、**普段の自分の声で明るく話せばよい**のです。

また、大きな声を心がけましょう。

小さな声は自信のなさとして受けとられます。

聞こえづらい勧誘電話を一生懸命聞くほど暇な人はいません。

テレアポや電話営業のコンサルタントの指導法としては、「普段通りの声の大きさ」というのが多いのですが、私は反対です。

大きな声は迫力がでます。

自信が伝わるので、主導権をとりやすいのです。進軍ラッパのように自分自身を奮い立たせる意味もあります。

これが電話応対やクレーム電話対応と大きく違う点です。

ゆっくり話すことも重要です。

「クリーニングはどのぐらい前におこないましたか?」というような問いかけが、早口になっている人をよく見かけます。

極端に言うと、噛むように話をしている人もいます。

電話の場合、よく聞いていただいているお客様でさえ、50%程度の理解と考えてください。

だからこそ、たえず「ゆっくり話す」ことに注意しないといけないのです。

また文章の長いトークは早くなりがちです。

「今日お電話いたしましたのは、投資マンションのご案内でして、○△駅の徒歩10分くらいに、利回りのよろしい物件がございまして、ぜひ、この機会に…」

文章が長いとついつい早口になってしまいます。

でもお客様の理解度が格段に下がっていることを知らないといけません。

何よりも早口は人間性を軽く見せ、信用度を下げてしまいます。

また、早口でしゃべる人ほど、お客様のわずかな反応を見落としやすいことも挙げられます。

トークが早くなればなるほど、スランプに入りやすい傾向があります。それはお客様の反応がとれないからです。つまりひとりしゃべりになっているのです。

自分がしゃべっていて、お客様の質問がでてもついしゃべってしまい、慌てて「どうぞおっしゃってください」と譲る人がいますが、最初からゆっくり話せばこんなことはおきません。

エンパシートークの法則3
「語尾に気をつける」

よく、語尾を小さく、弱々しくする人がいます。

「尾島と申しますぅ…」

「そうですかぁ…」


特に反論されたり、断りがでると、語尾が弱々しくなる人が多いです。

語尾に力強さがないと、自信のない様子がお客様に伝わります。

あなたがお客様の立場だったと想像してみてください。

勝手に電話を掛けてきた営業マンが売れなくてがっかりしている様子が電話口から伝わってきたら、断ってよかったと思いませんか？

契約した途端、営業マンが目の前で、「やったー。バンザイ」と大喜びしているのと同じです。契約を撤回しようと思うのではないでしょうか？

つまり営業という場面において、やってはいけないタブーなのです。

また、あいまいな表現も禁止です。

「そう思うのですが…」
「一応…」
「たぶん…」
「〜なのですが…」
「〜のほうかと…」
「ですけど…」
「〜という感じです」

このような表現は、お客様の関心を呼び起こしにくく、警戒心をさらに強化してしまいます。

語尾の弱さ・あいまいさは、自信のなさの表れです。

エンパシートークの法則4

「楽しい雰囲気をつくる」

電話の会話で、何となく楽しい雰囲気をつくる人がいます。

ちょっと話しただけで「何だか普通の勧誘とは違うな」という感じを受けます。

妙におかしさが伝わる人もいます。

また声が弾んでいて、つられて聞いてしまうこともあります。

これらの電話の多くは偶然ではなく、テレアポインターや営業マンが、一生懸命に楽しい雰囲気をつくっているのです。


また、テレアポや電話営業をしていると、よくこのような対応にあいます。

「時間がないので、短く用件をお願いします」

これはお客様のテンションが低くて厳しいです。

「えぇと…」「実は…」というような明瞭さがない返答をすると電話を切られますし、トークが長くなってもいけません。

このような場面であっても、**楽しい雰囲気をつくることで突破口が見つかります。**

私は感情を最初に入れます。

「もう本当にすみません（感情を強く込めます）。ひと言で言うのは難しいので、せめて50秒だけお聞きいただけますか？　もう50秒だけです（親しみを込めて）。駄目なら、すぐ切って、また改めます」

お客様に「えっ」とか「何なの？」というリアクションが感じられれば、50秒もら

えます。

電話の50秒は結構長いので、お客様の関心を引きだすトークが十分に展開できます。ポイントは、断りをいかにして外すかということです。

低いテンションのお客様から50秒貰うための潤滑剤が、感情移入なのです。

「面白そうだな」とか「楽しそうだ」といった、ほんのちょっとした感情の変化で、話が進むケースはよくあります。

もうひとつは私もよく使いますが、「お世話様でございます」という言葉です。

普通は「お世話様で」を大きく、「ございます」を小さく発音します。

「お世話様で」までは普通の言い方で「ございます」に明るさと親しみを込めて、大きく発音すると、昔からの知り合いのような感情がフト流れます。

次は会話での例をご紹介しましょう。

「お忙しいところ失礼いたします」で切り出します。

このときに、「はい」または「うん」という相槌を打つお客様は礼儀正しい性格で、電話を注意深く聞いている人です。

そのため私は、非常に礼儀正しく対応することにします。

「恐れ入ります。ローコストで売れるサイトを制作する笑顔ライフの尾島です」

ここで「本当かい？」「そんなに簡単に売れないよ」とすんなり本音を返していただけるお客様には、親しみを込めます。

「そうですよね。作ってすぐ売れれば、苦労はないですよね～。多くの企業様が悩んでいるのですが、実は弊社では…」

このように感情を入れていきます。

楽しい雰囲気をつくる努力を絶えずしていると、話はつながり、電話を切られることはありません。もちろん、成約までいたるお客様は確実に増えていきます。

「このお客様とはもう二度と話すことがないかもしれない」という一期一会の精神と、仕事を楽しむという心のあり方が大切です。

エンパシートークの法則5

「身振り手振りを加える」

対面式の営業では身振り手振りは、非常に大きな効果があります。

小泉元首相の演説は迫力がありましたが、身振り手振りが非常に多かったですね。

感情を移入するには身振り手振りがいちばんの近道です。

電話では身振り手振りは意味がないと思われるかもしれませんが、そんなことはありません。

お辞儀をしたり、手振り身振りを取り入れると、言葉に強さがでるのです。語尾に力が伝わります。

特にターゲットにするお客様が年長者や社会的地位の高い方ほど、電話であっても洞察力は鋭いため、伝わっています。

つまり**手振り身振りは、感情移入のスイッチ**になるのです。

私が指導した事例をご紹介しましょう。

Aさんは新入社員の研修を任されるほどトークはうまいのですが、自身の成績が伸びません。

特にスランプになると期間が長く、トークは商品特長を説明するばかりで、お客様の話を聞きだすのではなく、ただ一方的にしゃべるだけになってしまいます。

そこで私は、身振り手振りを取り入れるよう指導しました。

最初は恥ずかしがっていたAさんですが、まず立って電話をさせることで、身振り手振りといった体の動きが自然にでるようになりました。

次に座って電話をしてもらい、**意識的に身振り手振りをしてもらうことで、お客様の反応を待てるようになった**のです。

そのうち、自然と感情を移入できるようになり、一本調子のトークが活きた会話になりました。

もちろん成績が伸びたことは言うまでもありません。

また、テレアポや電話営業をしながら、タバコに火をつけ、話をしながら吸う人も多くいます。

それだけストレスのある仕事かもしれません。

でも飛び込み営業や対面式の営業ではどうでしょう。

お客様がタバコを吸わなければ、自分から吸う人はいないはずです。それはお客様に対する配慮として当然のことです。

電話は視覚情報がないからといって、タバコを吸ってもよいと思ったら大間違い。

火をつける音、吸って煙を吐く様子はお客様に伝わっています。

エンパシートークの法則6
「主導権をとる」

電話は緊急度が高いツールです。

つまり勝手に家に上がりこんで話をするのと同じとお考えください。

ですから、配慮・礼儀・法遵守が必要です。

しかし、自分の都合で電話をしている以上、主導権をとらないといけません。

そうしないと、とれるアポイントや契約も逃してしまいます。

当然、お客様はすぐにイエスと言いません。断りがでます。

質問を変えたり、話を戻したり、変化しつつ、お客様の断りのなかから、攻めていくポイントを探るのです。

「そうですよね。いまの経済背景で、マンション投資は様子を見るとおっしゃるのはよく理解できます。私どもは販売会社として○△様のご意見を参考にしたいのですが、マンションを選ぶポイントはどこが重要ですか？」

お客様に質問することで、あなたが主導権を持つことができます。
お客様の話を聞いたあと、このようにお礼を言います。

「大変に勉強になりました。ご造詣が深いのですね～。ところで…」

この言葉に感情を移入することで、主導権をとりながら、スムーズに商品やサービスに話を戻していくわけです。

繰り返しになりますが、主導権を握ることが絶対に重要です。

いらないという断りを分解し、いったん話題を変えても必ず本題に戻し、また攻めていくのです。

エンパシートークの法則7

「エンパシーワードを使う」

エンパシーワードとは、お客様との距離をぐっと近づける言葉を言います。

実はそれほど特別な言葉ではありません。

あなたが電話で自然に使っている言葉が、実は感情を動かす魔法の言葉なのです。

「そうですか」

「そうですよね」

「さようでございますか」

「なるほど」

「わかります」
「わかりました」

これらは会話をする上での潤滑油の役割をしています。
エンパシーワードは、感情が移入しやすい枕詞です。

「皆様、そうおっしゃいます」
「驚いたことに…」
「聞いた話ですが…」
「私もその通りだと思いますが…」
「さすがに、鋭いご質問ですね…」
「ご造詣が深くていらっしゃいます」
「これは私の予想ですが…」
「内々の話としてお聞きいただきたいのですが…」

「○△様のような方ばかりですと私共も嬉しいのですが…」

「ここだけの話ですが…」

「新聞にでていたのですが…」

「ほとんどのお客様がご関心ある点ですが…」

「○△様には本当に頭が下がります」

「え～、本当ですか？」

「初めて聞きました…」

「すばらしいですね」

「もう安心じゃないですか…」

「本当にお詳しいのですね～」


これらの言葉を上手に使えば、お客様との距離感をぐっと縮められたり、さりげなく褒めたり、特別な情報だと印象づけたり、多くの効果を発揮します。

エンパシーワードを使うと、お客様は非常に早く警戒を解いてくださいます。

その他でもご自身で言いやすい言葉を考えたり、社内で意見をだしあってみるのもよいでしょう。

column

個人情報保護法の対策

　個人に電話を掛ける場合は、個人情報保護法に注意しないといけません。

「個人情報保護法にもとづき、どのような経緯で電話番号を知ったのか教えてください？」

　こんな質問がでたときどう返答していますか？

　このご時勢、問題のある応答をしてしまうと、おもわぬ事態を招くことにもなりかねません。

　そうです。「電話帳です」であればよいのですね。

　では、そうでない場合、どう答えればよいでしょうか？

「弊社のリストです」という回答であっても、個人情報保護法に違反しているとは限りません。電話だけでその業者の利用目的外かどうか、適正な取得かどうか判断するのは困難なためです。

　しかしお客様が迷惑に感じているようであれば、次回から電話をしないという対応をほとんどの企業がしており、これが適切だと私も考えています。

第3章

おもしろいように
アポがとれる
テレアポ成功法

テレアポと電話営業はどこが違うのか？

テレアポは電話を利用し、興味や関心のある人にアポイントをとることが目的です。アポイントをとって面談につなげてしまえば、あとは営業の力で何とかなる可能性があるからです。

テレアポは、プレゼンやデモンストレーションが必要なものが適しています。また営業社員数が多いとか、会社や商品に知名度が高くアポイントがとりやすい場合はあっています。

ちなみに電話営業は購入するターゲットが絞り込めるもの・高額なもの・遠距離販売するものなどが向いています。

電話営業は文字通り「電話での営業」です。商品やサービスの説明をし、金額面の詰めをします。そして多くの場合、最後に面談営業して契約を締結します。

最終段階まで電話で詰めますので、電話営業はビジネスの仕組みを考えたり、ツールを整えたり、社内的な準備が必要になります。

またイメージされにくい商品や利用したことがない新しいサービスなどはどうしても売りづらいため、それでも電話営業をするには仕組みを十分に整えないといけません。

また最終段階まで対面せず電話だけで営業するためには、営業マンに商品知識や営業トークのスキルが必要となり、人材育成の面でも時間が掛かります。

そのためにテレアポのほうが多くの企業で採用されているのです。

ゴールデンタイムとデットタイム

テレアポや電話営業には、ゴールデンタイムとデットタイムがあります。

ゴールデンタイムとは、ターゲットになるお客様が電話にでやすい時間のことです。

デットタイムとは、お客様の不在が多い、または非常に忙しくて電話にでにくい時間を言います。

ゴールデンタイムとデッドタイムは個人か法人かで違い、業種でもずいぶん異なります。

まずここを見誤ると、せっかく電話のスキルがあってもアポイントはとれません。**ゴールデンタイムを見定めることがテレアポ成功への第一歩**です。

ゴールデンタイムはターゲットによってこんなに違う

ゴールデンタイムとデッドタイムの例です。

企業の社長や役職者の場合、月曜の朝は在社している確率が高いです。

朝早くから出社している社長は結構多いので、9時前はゴールデンタイムです。

その代わり日中は不在が多いので、デッドタイムになります。

営業職のほとんどは、朝に準備をして、日中は得意先まわりをしています。そして夕方から夜に会社に戻ります。

この朝と夕方の2時間程度がゴールデンタイムで、日中はデットタイムです。お昼時間には社に戻ることもあります。

逆に総務や人事は、午前中は忙しいです。時間が自由になる営業とは別に、お昼の休憩時間に電話をすると嫌がる人が多いので要注意です。

ゴールデンタイムとしては、13時からの日中と考えてください。

秘書も午前中はスケジュール調整など

の業務のため、昼過ぎあたりが狙い目です。

建設業であれば、午前中早い時間と夕方がゴールデンタイムです。日中は事務員中心なのでデットタイムです。社長は現場にでていることが多いため、日中に直接話ができる回数は少ないでしょう。

飲食業は午前の早い時間と14時からの2時間程度がゴールデンタイムで、昼や夕方は忙しいのでデットタイムです。でも14時過ぎに不在になるケースもあるので注意してください。

主婦はご主人や子供を送り出し、家事が終了する10時過ぎくらいから昼間までがゴールデンタイムで、お昼と夕方はデットタイムです。

ご主人の場合、土日祝の午前中や昼食時、夜間などがゴールデンタイムでしょう。

もちろん平日の日中はほとんど不在です。

ゴールデンタイムの見つけ方とは？

ターゲットのお客様と話ができた本数や時間帯などをメモすることで、ゴールデンタイムを見極められるようになります。

9時、または12時からといった区切りの時間から5本くらい電話をすると「かなりの確率でお客様が電話にでる」、もしくは「不在が多い」といった特徴がつかめます。

ゴールデンタイムは一心不乱に電話をしましょう。デットタイムに資料送付・事務作業・ゴールデンタイムのための準備をおこないます。

大事なことは、**ゴールデンタイムとデットタイムの仕事をはっきりと区別する**ことです。

受話器を持つ前に今日の結果は決まっている

人間が集中できる時間はそう長くありません。

1日中、電話をしても不在が多いと気持ちがのってきません。

ゴールデンタイムにどれだけのお客様と話をしてアポイントがとれるかは、すべて段取りに掛かっています。

段取りは前日の夜に、翌日の分をおこないます。

色別のフセンをリストに貼りつけたり、電話する順番を書き込んだり、明日出社したらすぐ電話ができるように準備します。

この**段取りをするかどうかで、まるで結果が異なります**。

翌日の仕事の準備は必ず前日におこなうよう習慣にしてください。

絶対に翌日の出社後にやってはいけません。

また、いつ電話をしても話ができない不在のお客様がいます。

不在のお客様は、常日頃いないので、多くの場合、競合他社も話ができていません。

これはチャンスです。

ぜひ**不在者リストを作ってみましょう**。

時間帯をずらしたり、休日に電話してみてください。

競合他社からもまだ話を聞いたことがないと思われる**不在のお客様へのアプローチは非常に重要**です。

役に立たないスクリプトを使っていないか？

スクリプトの目的は、２つあります。

ひとつは、初級者でもアポイントがとれるようにするためです。

電話を掛けることに慣れていない人でも、スクリプトを読めば話ができるので、アポイントをとることができます。

もうひとつは、上級者に対しても重要な役割があります。
トーク内容が身についている人でも、電話の本数を多く掛ける場合、スクリプトを見ていると疲れが少なくてすみます。

基本的にはスクリプトは役に立ちます。

しかし、**過去に指導してきた会社でスクリプトを見せてもらうと、まるで使えないものばかり**でした。

それは、お客様の反応をイエスとノーに分けて、質疑応答をまとめたスクリプトです。

おのずとそれらは文章の量が多く、詳しく書かれたものになっています。

ですが、これはほとんど役に立ちません。

あなたも経験があると思いますが、**スクリプト通りにお客様が話を進めてくれない**からです。

アポイントや成約を得るためにスクリプトは作成されています。お客様がそのストーリー通りに会話をしてくれるケースなど実際は極めて少ないのです。

スクリプトの途中で、質問が入ったり、遮られたり、話がそれたりすると、文章量が多いほど、どこを読んでいたのかわからなくなります。

そういうときの焦りをお客様は敏感に察知します。すると、決まるアポイントも決まらなくなるのです。

「お忙しいところ失礼します。私、○△保険の代理店笑顔ライフの尾島です。地元の皆様にがん保険の推進をしていますが、保険でわかりにくい点はございますか？」
「お宅はどこから掛けているの？」
「北越谷です」
「そろそろ桜並木の桜は咲くかいな？」

極端な例ですが、このように話が脱線することは多々あります。

また、話の途中でスクリプトを遮られることも少なくなりません。

例えば、こんな感じです。

「これが、○△（保険会社）の医療保険の特長です。ご検討をお願いします」

「質問ですが、この医療保険における免責払込免除は何が該当しますか？　免責についても細かく教えてください」

このようにスクリプトにない質問がでてくることも多いです。もし質問の対応を準備していたとしても、長いスクリプトでは自然に対応しながら、質問の箇所を探すことは不可能です。

最初の切り出しと身分証明だけは、スクリプトを文章化したほうがよいですが、そのあとの長々とした文章は不要です。

なぜなら、ほとんどの場合、切り出し・身分証明・電話の目的を伝えると、お客様は何かしら反応をするからです。そのときの反応を、イエスとノーに分けてトークを準備するのは無理があり、スクリプトの上手な使い方とはいえません。

成績アップに直結するスクリプトの作り方とは?

私が作るスクリプトは、文章は短く、基本はＡ４の紙に１枚だけです。
実際のコンサルティングで使用しているスクリプトをお見せしましょう。
これを参考に、ぜひあなたなりのスクリプトを作成してみてください。

❶切り出しと身分証明

「お忙しいところ失礼します。私、地元越谷で笑顔と安心をお届けしています（保険会社名）の代理店、笑顔ライフの尾島と申します」

▼個人の場合

「○△様はいろいろ保険に入っていらっしゃると思いますが、（保険会社名）にご加入されていますか？」

▼法人の場合

「福利厚生のご担当者はご在社でしょうか？（担当者がでたら）貴社はいろいろ保険に入っていらっしゃると思いますが、（保険会社名）にご加入されていますか？」

不在なら、担当者名・部署・戻り時間など確認します。

戸惑いの反応がみられたら「福利厚生は社長様が直接されていらっしゃるのでしょうか?」とつなげるのも手です。

感情を移入しながら、和やかで親しみの感情がわくような雰囲気を心掛けてください。

❷最初の案内

「(保険会社名)にご加入されていますか?」という質問に対して、2つだけスクリプトを用意してください。

▼加入済みの場合

「どうもありがとうございます(感情移入)。どのくらい前からご加入されたのでしょうか?　やはり、地域の代理店さんですか?　それとも会社の出入りの代理店さんでしょうか?　私どもは、地元で日々お客様のご安心のために活動していますが、○△

様にはご不要ですねぇ（感情移入）」

感情移入して、不安や心配点をお客様と一緒に考え、安心感を与えるようなトークにしていくのです。

「どういうつながりで加入したのか？」

「担当代理店がお客様にフォローをしているか？」

「地域の代理店はどこか？」

「新商品やライフサイクルの節目に見直しをしているか？」

「不満や心配などは全然ないか？」

「現在の保険（保険会社・代理店）のよい点と改善してほしい点はどこか？」

などを感情を移入しながら質問してください。

そのうちにお客様の本音の部分が見えてきます。

▼加入なしの場合

「どうも失礼しました（感情移入）。保険は何かしらお入りとは存じますが、ご案内が過去なかったわけではありませんよね？　保険のご選択のときに私どもとご縁がなかった原因というのは何だったのでしょうか？」

売り込みではなく、賛同の感情を移入することが大切です。そして質問をしながら、さらに回答に感情を移入していくのです。例えばこのようなトークになります。


「お付き合いのある代理店さんで入られているということですが、長いのですか？」

「古くからの知り合いなのよ」

「じゃあ、もう保険は安心なわけですね。いいですねぇ（感情移入）。保険で○△様がいちばん重要視している点は何でしょうか？」

「万一のときの安心かしら」

「すばらしいですね（感情移入）。まさに保険はライフプランにあわせて万一に備えるものです。では見直しなんかも最近されているわけでしょうか？」

❸断り文句への対抗策

感情を移入していても、やはりお客様から断りがでることは避けられません。その断りに対しては、準備をしておく必要があります。

保険ですと、次のような断りが予測できますので、私ならこのような返答を用意しておきます。

▼断り1―保険はいらない

「そうですよね。皆様何かしら入ってますよね（感情移入）」

▼断り2―保険にもう入れない

「さようでございますか。恐れ入りますが、ご体調が理由と言うことですか？（感情移入）」

▼断り3―もう年だ
「え～。そんなお年なんでしょうか？（感情移入）　失礼ですが、おいくつでしょうか？」

▼断り4―知り合いが代理店をやっている
「では安心ですね（感情移入）。ご参考になると思い、私の身内の話をしますが…」

▼断り5―付き合いでいっぱい入っている
「すごいですね（感情移入）。逆に整理する必要をお感じになっているのではないのでしょうか？」

▼断り6―忙しい
「失礼いたしました（感情移入）。お手すきな時間に掛け直させていただいてよろしいでしょうか？」

▼断り7－無反応
「恐縮ですが、お電話遠いでしょうか？（感情移入）」

つまり、断りを受け止めるには感情移入が大事です。

同意や驚きといった感情を移入できれば、深く質問をしたり、他の質問に変えたり、別の話題にしたり、自由自在にトークが展開できます。

断りにも笑顔で同意し、お客様が電話を切れない雰囲気をつくるのです。

❹見込み客かどうかを判断する質問

お客様のポリシーや最近の状態を聞くことで、関心度を分析することができます。

「保険はどうあるべきだと思いますか？」

「保険の宣伝やチラシを目にする機会が多いと思いますが、興味を持つとしたら、ど

ういう保険の種類でしょうか?」

「保険の見直しをする場合、誰に相談されていますか?」

「いちばん新しい保険に加入したのはいつぐらいですか?」

こういった質問をすることで、いますぐはダメでも、次に電話をするポイントをつかむことができます。保険でいうと、結婚・子供や孫の誕生・新築・進学・卒業・退職などのライフプランが変わるときがそうです。

❺商品説明を会話にする

身近な例をだしながら、会話のなかに商品説明を組み込むのです。

例えば保険だと、このようなトークが考えられます。

「新商品の最大のポイントは○△です。これが多くのお客様のご要望がいちばんだっ

た点ですが、どう思われますか？」

「会社の万一は、個人の万一と違いますよね。業績悪化や貸し渋り、事業承継などもあります。地元を回ってみて驚くのは、社長様の勇退の退職金のご用意がしにくいということです」

「父ががんになって初めて重要だとわかったのは、病院を選ぶポイントと案外お金が掛かったということです。うちの場合、3回も再発したがんでしたが、いくらくらい掛かったと思いますか？」

❻クロージング

クロージングのトークはひとつではありません。

軽いもの、強いもの、いろいろあります。

ぜひ参考にしてください。

▼軽めのクロージング

「私は地域の担当で、よく回っております。○△丁目の近く（土地カンがあることをわからせる）に伺う用事があります」

「キャンペーン中で『保険がよくわかる小冊子』を無料進呈中ですので、見るだけ見てください！」

「話を聞くだけで、加入しなくて構いませんので、夕方くらい、お時間をいただけますでしょうか？」

▼中ぐらいのクロージング

「万一のときに、必ずお役に立てると信じていますので、ぜひ、一度ご説明にお伺いさせてください。明日の午前10時ごろはいかがでしょうか？」

▼強めのクロージング

「まず話を聞いていただきたいのです。私どもは地域の保険代理店です。保険の仕組みと役割をお伝えするのが仕事です。ですから、ご加入はしなくて結構です。保険でわからないことは何でもご相談してください。ご希望がございましたら、ご説明にお伺いいたしますが、いかがいたしますか？　明日のいまぐらいの時間か夕方でしたら、どちらがよろしいですか？」

保険のテレアポ・電話営業の例

【切り出しと身分証明】

「お忙しいところ失礼します」

「私、地元越谷で笑顔と安心をお届けしています（保険会社名）の代理店、笑顔ライフの尾島と申します」

・個人の場合

「○△様はいろいろ保険に入っていらっしゃると思いますが、（保険会社名）にご加入されていますか？」

・法人の場合

「福利厚生のご担当者はご在社でしょうか？　（担当者がでたら）貴社はいろいろ保険に入っていらっしゃると思いますが、（保険会社名）にご加入されていますか？」

【最初の案内】

「（保険会社名）にご加入されていますか？」という質問をする

・加入済みの場合

「どうもありがとうございます（感情移入）。どのくらい前からご加入されていたのでしょうか？　やはり、地域の代理店さんですか？　それとも出入りの代理店さんでしょうか？　私どもは、地元で日々お客様のご安心のために活動していますが、○△様にはご不要ですねぇ（感情移入）」

・加入なしの場合

「どうも失礼しました（感情移入）。保険は何かしらお入りとは存じますが、ご案内が過去なかったわけではありませんよね？　保険のご選択のときに私共とご縁がなかった原因というのは何だったのでしょうか？」

【断り文句への対抗策】

・保険はいらない

「そうですよね。皆様何かしら入ってますよね（感情移入）」

・保険にもう入れない

「さようでございますか。恐れ入りますが、ご体調が理由と言うことですか？（感情移入）」

・もう年だ

「え～。そんなお年なんでしょうか？（感情移入） 失礼ですが、おいくつでしょうか？」

・知り合いが代理店をやっている

「では安心ですね（感情移入）。ご参考になると思い、私の身内の話をしますが…」

・付き合いでいっぱい入っている

「すごいですね（感情移入）。逆に整理する必要をお感じになっているのではないでしょうか？」

・忙しい

「失礼いたしました（感情移入）。お手すきな時間に掛け直させていただいてよろしいでしょうか？」

・無反応

「恐縮ですが、お電話遠いでしょうか？（感情移入）」

【ミッション＝会社の理念】

「地元中心で、いつも笑顔で、安心をお届けしています」

【最低限のリサーチを会話方式でおこなう】

「保険はどうあるべきだと思いますか？」

「保険の宣伝やチラシを目にする機会が多いと思いますが、興味を持つとしたら、どういう保険の種類でしょうか？」

「保険の見直しをする場合、誰に相談されていますか？」

「いちばん新しい保険に加入したのはいつぐらいですか？」

【商品説明を会話方式でおこなう】

「新商品の最大のポイントは○△です。これが多くのお客様のご要望でいちばんだった点ですが、どう思われますか？」

「会社の万一は、個人の万一と違いますよね。業績悪化や貸し渋り、事業承継などもあります。地元を回ってみて驚くのは、社長様の勇退の退職金のご用意がしにくいということです」

「父ががんになって初めて重要だとわかったのは、病院を選ぶポイントと案外お金が掛かったということです。うちの場合、3回も再発したがんでしたが、いくらくらい掛かったと思いますか？」

【クロージング】

「私は地域の担当で、よく回っております。○△丁目の近く（土地勘があることをわからせる）に伺う用事があります」

「キャンペーン中で『保険がよくわかる小冊子』を無料進呈中ですので、見るだけ見てください！」

「話を聞くだけで、加入しなくて構いませんので、夕方くらい、お時間をいただけますでしょうか？」

「近くにいつも回っております。お伺いをしてご説明できますが、ご説明を希望されますか？」

「すぐに資料をご送付いたします。前に一度、配達の不手際でかなり遅れたことがありました。そのため無事着いたかどうかの確認だけ、お電話させていただいてよろしいでしょうか？」

スクリプトの準備ができたなら

あなたなりのスクリプトができあがりましたね。

長くなってはいけません。必ずＡ４用紙１枚にまとめることです。

では、次の点についてあらためて確認をしてください。

- **特定商取引法を遵守しているか？**
- **切り出しから、身分証明と電話目的でどう警戒を解くかを考えられているか？**
- **質問を用意できているか？**
- **質問の重要度を決められているか？**
- **業界情報や隣接するデータを用意できているか？**

これらの点を確認し、問題がないようであれば実際に試してみましょう。

その際に注意すべきところはこういったところです。

- **警戒を解けているか？**
- **トークはスムーズか？**
- **断りの対応で会話が成立しているか？**
- **スクリプト通りにいかないケースはどういうものか？**
- **お客様をイメージできているか？**

これらのことを見直しながら、テストを繰り返して、スクリプトを改良していってください。

ついつい見逃してしまう、スクリプトの落とし穴とは？

もともとスクリプトは電話に慣れていない人にとって電話営業の羅針盤ですので、

非常に大きな役割があります。

仮に経験の長い人がトークを覚えていたとしても、スクリプトがあると疲労が少なくてすむ利点はすでにお伝えしました。

このようにスクリプトは便利なものですが、同じ人が同じトークをしていても日によって成績が違うことがよくあります。

結果がでないことが続くと、ついつい自分なりにスクリプトを変えようとしてしまいます。しかし、大きな間違いです。

テストでスクリプトを改良するのとは意味が違います。

結果をだせない人が自分の解釈でトークを変えると、アポや契約がもっととれなくなります。

出口の見えない迷路に入り込んだようになってしまい、自信を喪失し、やる気を失うことになりがちです。

つまり**問題は、スクリプトの内容ではなく、語尾の強弱・会話の速度・感情の込め**

方などがおかしくなってきているからです。

そんな場合は、２章のエンパシートークを確認してください。

必ずそこに不調の答えがあるはずです。

では、これから**テレアポで使える、とっておきのエンパシートークの実例を３つご紹介いたしましょう。**

エンパシートークを使ったテレアポ成功法１

「断りを封じるトークの第一声」

「恐れ入ります。ネット販売成功プランナー、笑顔ライフ尾島です。ウェブサイトのコンサルタントですが、御社のネット販売でお悩みはございませんか？」

２章でも紹介しましたが、切り出しのトークで自分の会社の「使命・ポリシー・信念」を「楽しい・面白い・インパクトがある」言葉で伝えることはたいへん有効です。

ぜひあなたなりの言葉を考えてみてください。

そのあとは、あなたの会社のスキルを伝え、それを活用すれば相手の会社がどのようによくなるのかを、会話に織り込んでいけばよいのです。

また、こういった切り出しトークもあります。

「恐れ入ります。ネット販売成功プランナー、笑顔ライフ尾島です。ウェブサイトのコンサルタントをしています。誰でも売り上げアップできる『ネット戦略小冊子』を無料進呈中です。明日午前に○△市へ伺うので、ぜひ、明日夕方にお時間をいただけないでしょうか?」

これはすでに確定しているアポイントの前後に打ち合わせの時間をほしいといっているわけですから、お客様にかかるストレスを軽減しています。

無料小冊子や相談ということなので、少しでもネット販売に興味があればお客様は会ってみようという気になるのです。

「その時間は都合が悪い」と言われたら、「翌日はどうですか？」と返しましょう。

この手法は「無理にアポイントをとるだけで成約に結びつかない」と否定する企業も多いのですが、その地域にわざわざ行って、1件だけの打ち合わせで帰るよりは実りがあると私は考えます。

この最初からアポイントをとりにいく手法は次の場合は効果があります、

①会社に知名度があり、お客様になるターゲットが広い
②冊子プレゼントや無料相談などの特典がある
③会えば成約できるくらい営業力が強い
④近くに得意先があるので定期訪問が可能
⑤面談データを収集するだけでも見込み客として育てられるシステムがある

アポイントをとったあと、次のようなトークを交ぜるというテクニックもあります。

「ご多忙のところ急にお時間を頂戴してありがとうございます。もし○△様に突発的な急用などが生じると恐縮なので、一応、伺う日の朝、もう一度確認させていただいてもよろしいでしょうか？」

すると「大丈夫だから確認は要らないよ」とおっしゃるお客様がいます。
こういう場合は訪問したら不在ということにはまずありません。
アポの空振りを減らすためにはたいへん有効です。
また、このようにしてお客様の携帯番号を聞きだすというのもひとつの手です。

エンパシートークを使ったテレアポ成功法2

「担当者を確実に見つける法」

法人営業の場合は、企業名と電話番号はわかっていても、ターゲットとなるべき担当者の名前がわからないことがよくあります。

保険の場合などはターゲットが社長や専務などの役員だったり、福利厚生の担当者だったり、いろんなケースが考えられます。

「社長様はいらっしゃいますでしょうか？」という電話は「失礼ではないか？」「印象が悪くなるのでは？」と気にする人がいるかもしれません。

でも**「いきなり社長を呼び出す」が結果的には正解**なのです。

社長と話をして、「それは○△が担当だから」と担当を指名してもらうのがベストです。

しかし、社長は不在のケースが多々あります。

その場合は、戻り時間を聞くのは当然ですが、次のように続けましょう。

「それでは○△ご担当の方はご在社でしょうか?」

このときの反応で情報を得られます。

「それは社長でないとわからない」とか、「専務が担当だけど専務もいない」と言われれば、次回からはそれを手掛かりに電話をすればよいのです。

また大企業の場合は、社長への電話はほとんどつながりません。

「ご用件は?」と聞かれた際、ごまかしはいけません。隠さずに言いましょう。

その時点で断られるケースもありますが、担当部署を教えてくれることがほとんどです。それでは次のようなトークをしてください。

「その件は人事課へお掛けください」

「大変恐縮ですが、ご担当者様はどなた様になられますか？」

「人事課の佐藤でよいと思います」

「失礼があってはいけませんので、佐藤様のお役職をお教えいただけますか？」

「部長の佐藤とお呼び出しください」


担当者の名前を教えてくれないで、「担当も不在です」と言われることもあります。

その場合は、こう尋ねましょう。


「いきなりのご訪問はご迷惑なので、事前にお電話をいたしたいのですが、何時ごろですとよろしいでしょうか？」

「夕方には戻ることが多いです」

「ありがとうございます。恐れ入りますが、その場合、どちら様までお掛けすればよろしいでしょうか？」

こうすればターゲットとするべき担当者の名前を知ることができるでしょう。
注意するべき点は丁寧に話すことです。電話にでた人に嫌われないことが重要です。
中小企業の場合、次回も同じ事務の人がでるケースが少なくありません。好印象を与えるようにしてください。
また事務だと思っていたら、「実は社長の奥様だった」ということもよくありますので、気を抜かないで丁寧に応対することです。

エンパシートークを使ったテレアポ成功法3

「高確率でアポイントをとるためのクロージング」

テレアポのクロージングは、絶対にお願いしてはいけません。

さらりというのがコツです。

「電話だけでは少ししかお伝えすることができません。必ずお伺いしてご説明させていただいています。ご説明を希望されますか？」

お願いすると絶対に決まりません。

テレアポの場合は、**説明の大事さを強調して、希望するかどうかを確認すればよい**のです。

お客様がいま電話で話ができているということは、この時間帯は都合がよいと考えられます。

朝10時くらいに電話をしていたとしたら、次のようなトークにしましょう。


「承知いたしました。明日のいまぐらいか、夕方5時ではどちらがよろしいでしょうか？」


クロージングの際、「買うとは限らないよ」と言うお客様がいます。

それは警戒しているサインです。

この時に詰めすぎないのがポイントです。

「購入するか、しないかは関係ありません」とか「加入しないで結構です」と、言ったあとに必ずこう続けましょう。


「ネット販売の成功の仕組みをお伝えするだけです」

「保険の役割をご理解いただくのが私の仕事です」

ミッションや信念を伝えることで、お客様の感情にダイレクトに訴えかけるのです。

column

初心者でもテレアポで成功できるちょっとしたコツ

初心者でも成功するテレアポのコツをお教えしましょう。

電話の向こうのお客様が思わず微笑む電話をすることです。お客様が笑顔になれば、あなたとの距離感はぐっと近づきます。「しつこくて迷惑だな」が、「熱心だなぁ」に変わるのですね。それはお客様が聞くという姿勢になったからです。

どうせ電話をするなら、あなたも笑顔で楽しい会話を心掛けてみませんか？　「またガチャ切りだろう」と眉間にシワでは、作業量は同じでも結果はものすごく大きな差がでます。

なぜ笑顔でないといけないのでしょうか？

それは笑顔でないとお客様の断りにあうと、その先に入れないからです。

最初の断りは表面上の断りがほとんどです。100件掛けたら100件断られます。そのなかに必ず見込み客がいますから、笑顔で断りの理由を分解していくのです。そうすればおのずと結果がついてきますから安心してください。

第 4 章

たちまち
結果がでる
電話営業の極意

電話1本で高額商品を売ることができる

私は電話営業だけで、ゴルフ会員権を１ヶ月で２８００万円販売しました。実印や印鑑証明などをお客様に用意していただくことを前提に面談日を設定していたので、アポイント＝契約でした。

「扱っている商品（サービス）の金額が大きいから契約が決まらない」と言う声をよく聞きます。

しかしそれは間違いです。**金額は関係ありません。1億でも2億でも、電話だけで販売が可能**です。電話営業は「衝動買い」をさせるものなので、お客様に商品やサービスを理解させることができれば、電話だけで販売が締結できるのです。

例を挙げましょう。投資向けの物件であるアパートやマンションの場合、お客様が知りたがることは限定されます。

・価格は？
・築年数は？
・月の賃料は？
・駅からどのくらいか？
・物件周辺の環境は？
・利回りは？

これらのことを電話で伝えます。そのあとお客様が資料を見て関心を持ったならば、物件を案内したあとの面談1回で決まります。また、墓地や霊園も同様です。

・実際に霊園の地域環境を知っている
・霊園の前を何度も通っている
・知り合いがそこを購入した
・現住所の近くで、価格も手ごろ

こういう条件があえば、電話だけでまとめてしまうのもできるでしょう。

電話営業とテレアポはここが違う

電話営業とテレアポとの違いはどこにあるのでしょう。

3章でも言いましたが、電話で金額を詰めきるかどうかです。

テレアポは、アポイントをとることに主眼をおいていますので、電話では金額を詰めません。

金額の詰めをして断られるくらいなら、とりあえず面談してしまうほうがよいという考え方です。

・商品やサービスを知っている（もしくはイメージできる）

・資料だけでも購入の判断ができる

この2つの条件にさえあてはまれば、どんなものでも電話営業は可能です。

例えば、保険なら購入させたいプランを作成しておいて、電話のあとに資料を送付し、フォロー電話で商品を勧めていけば、書類だけのやりとりでも契約はとれます。

電話営業の仕組みを構築できれば、アポをとってから面談で購入を営業するのではなく、お客様に購入を決めさせてから面談することもできるのです。

電話営業はなぜ難しいのか？

現在、多くの企業は電話営業ではなく、テレアポを採用しています。

理由は、テレアポは営業マンの電話の技術が高くなくてもできるからです。

アウトソーシング・派遣・パートでもスクリプトさえ上手に制作すればアポイントをとることができます。

電話営業の最大の難関は、金額を詰める電話です。

コンサルティングの関係でいろんな企業の現場を訪れましたが、**資料請求後の詰めの電話がすごく上手だったという営業マンは、本当に少ない**です。

それ以前に、電話で金額まで詰められる人が社内にひとりもいない――ということすらありました。

なぜ金額を詰めるのが難しいかということ、詰めは営業行為だからです。

つまり、目の前にお客様がいるのと同じです。

お客様の前ではマニュアルを読むことはできません。

営業マンの営業能力がモロに結果に結びつくからです。

だから多くの企業はアポイントをとって面談で探るという方法をとっています。

電話での営業力を身につけるのは相当難しいです。

しかし、**私が考案したエンパシートークを導入するだけで、電話営業は見違えるようになります**。のちほど、その極意をあなたにお伝えしていきます。

電話営業のスキルが劇的にアップする見込み客ノートの作り方

実際に電話をする前に必要なのが見込み客ノートです。記入すべき項目は次です。

- 初回コールの日時
- 話をしたお客様の名前
- 会社の情報（もしくは個人の情報）
- 話をした内容
- ネック
- 資料送付日
- 到着確認日
- 担当者から見た見込みのランク

これらを記入することで、電話のスキルが格段に上がります。

なぜなら、資金がネックならば、「いくらなら購入できるのか」「月々払いならどうなのか」などを考えることが習慣になるからです。

注意事項があります。それは前向き検討か、予算はクリアしているお客様だけをノートに書くことです。

見込み客ノートが埋まると心理的に安心できますが、それは結果とまったく連動しないからです。**ノートを埋めればよいという意識はたいへん危険**です。

また、管理職の人はこのノートを確認してください。

特に、結果とランクが異なる場合、その差はどこから生じたのかということが、指導する際の重要なポイントとなるからです。

見込み客ノート　◎　契約　データ入力済

お客様名 [redacted]　年齢 60位　会社名 [redacted]　役職 代表

〒[redacted]　住所 [redacted]　業種 占い 相談

初回コール日時 H20 7.8(火) 15:12 (15分)　到着確認日 7/10 15:00 (済)　次回約束 7/17 15:00 予定

2回目コール 7/17 15:00 不在　7/18 15:00 不在　3回目コール 7/20 15:30 (20分)

4回目コール 7/25 10:00 (15分)　5回目コール (AP) 7/26 10:00 事務所

■情報 (7/8) 15:12 代表が出た　ホームページ持っているが反応ない　管理会社任せ(社長はメールできない)

問い合わせがあるとtelがくるらしい　コストは運営費込み 総額100万?(月235000円 5.6年契約?)

不信感が強い　本当に売れるなら自分で勉強したい ⇒ 意欲強し　真面目な人

7/17 ルス電に入れる　7/18 ルス電入れる　(7/20) 15:30 20分位　検討中　ホームページの価格OK　但し

支払は条件有り(分割2-3回希望)　オープン後　メール設定　勉強会など希望

7/25 10:00 (15分)　分割OK(2回) 8月末 9月末　ホームページ不明　コンテンツは現在のもの

を多く流用　写真あり　新しくしたい ⇒ 現契約会社ドメイン使わず ⇒ 新規　AP取り

印鑑は用意するとの事　仲間も話を聞きたい(HPあるも売上はきびしそう)

■ネック 7/25 必追記　占いジャンル激戦区　数枚のレポートを持参する　カリキュラムも提案

資金　現在のサイトがトータルで高額　売れていない　7/26 (APで契約の可能性 80% ネック 資金 仲間)

何をしたらよいか判らない　可能性は理解

現状の月払いと同じならという感じ…　同業 HPすでにもってる 違う方の様子

↓ 仲間　必反対はしてない　仲間の意見注意

■資料送付日 7/8　■送付手段 郵送　確認時の感触 良

■見込みランク 7/8 B (資金一括がきつい感じ 仲間に相談しているよう)　■結果 AP契約

↓　真面目 → きちんとしている　かけひきしない　ストレート

7/20 (A)　分割OK → 意思あり

7/26 AP 契約　支払一括に変更(8/末)

見込み客ノートの記入例

初回電話から契約までの流れ

電話営業のスクリプトは、基本はテレアポと同じです。

テレアポのスクリプトと異なるのは、興味がでたところでアポイントにするのではなく電話だけで購入させていくため、断りに対しての話法や商品説明をしっかり準備することが必要になる点です。

また、**電話営業では興味がある人のみに資料送付するのが基本**です。

そのためにも予算の確認が必要になってきます。

電話営業で面談までもってくるお客様は、テレアポの面談客と比べ、有力顧客でないといけません。それが電話営業のビジネスモデルです。

見込み客を選定する秘策はいくつかありますので、のちほどご説明いたします。

スクリプトは初回の電話だけ使います。

2回目以降の電話でおこなう詰めは営業行為なので、スクリプトはありません。初回電話と2回目の電話はまったく別物とお考えください。

あくまでも2回目の電話は営業で、面談とまったく変わりはないからです。対面営業に「スクリプトを読む」という行為はありません。

ちなみに電話営業の流れを簡単に示すと次のようになります。

①初回電話営業

②資料送付

③資料の到着確認コール

④電話営業の詰め（場合によって詰めが数回生じることがあります）

⑤アポイント＝契約

初回の電話営業で効果を発揮するエンパシーワードとは？

初回の電話で使ってはいけない言葉があります。
それは「販売」や「ご案内」という言葉です。

お客様はこの言葉を聞くだけで、「また営業だ」と心の反動がおきやすいからです。
よいのは「ご提案です」という言葉ですが、とくにお薦めは「ご推薦です」と言うフレーズです。

「なぜ私が推薦されるのだ？」と言う質問がでればしめたものです。
お客様のほうから会話をしてくれているからです。
さて、お客様への返答ですが、あなたならどうしますか？
「リストにお名前（企業名）があったからです」と言う答えではまったく駄目です。

「地域的・職業的などから弊社の商品サービスを利用していただくにふさわしい企業様をお選びしています」

「ご推薦が地域的（職業的）に偏らないように考慮して、順番にご意思のご確認をさせていただいています」

「ぜひご活用いただければ大きな成果を期待できる企業様を弊社推進会議で選出させていただきました。弊社のご推薦なので、他では一切表にでないキャンペーン価格でございます」

このように答えるよう指導しています。

ちなみに「推薦」という言葉を辞書で引くと、「自分がよいと思う人や物を他人に薦めること」とあります。

お客様に推薦する理由は、詰まらずに自信を持って話せるよう準備することが大事です。社内でもそのためのトークを話しあうのもよいでしょう。

また、言葉のグレードを上げることもポイントです。

グレードの高い言葉とは「推薦」「造詣」「賛同」「参上」などです。

普段の会話ではあまり使用しないですが、意味がわかり、気品のある言葉を指します。つまり普段聞きなれた言葉は親しみを感じやすい反面、初回の電話営業では軽さが伝わります。

グレードの高い言葉を使うと、距離感は埋めにくい反面、年齢や社会的地位が高いお客様に信頼感と安心感を与えます。

電話営業で結果をだすために必要なリサーチ力とは？

お客様は電話営業で衝動的に興味が高まり、検討をへて購入に向かいます。

「関心を示している点はどこか」「何がネックか」「支払いは問題ないか」「購入時期はいつか」「第三者の意見に左右されるかどうか」といったお客様の情報を知ることはとても重要です。


これらを電話で情報収集することを「リサーチ」と言います。

例えば「興味はあるが、支払いが厳しい」と言うお客様に対して、「月々どれくらいなら支払いが大丈夫か」をリサーチできているかどうかが、契約か断りかの分かれ目になります。

具体的な支払い方法をプレゼンできれば、お客様はイエスと言ってくれるのです。

もしあなたのリサーチ力が乏しく、競合他社がそのことを知っていたら非常に不利です。

つまり、お客様の本音を探ることができるかどうかが、リサーチ力の差といえるでしょう。**お客様の本音をつかむことができたら、契約までの道筋を非常にたやすく組み立てられます。**

あらためてまとめると、成約を得るには次のようなことを知ることが不可欠です。

- **どこに興味があるのかを把握する**
- **何がネックになるのかをつかむ**
- **第三者の意見による障害を確認する**
- **お客様の人間性を洞察する**

これらの情報を得るには、お客様に質問をするしかありません。

しかし、いろんな企業をコンサルティングで見ていますが、テレアポや電話営業の質問を工夫していないところがほとんどでした。

会話を途切れさせないために発しているだけで、当たり障りのない、それを聞いてどうするのかわからない質問が実は多いのです。

断られる質問をしていないか？

「そんな馬鹿な」と思われるかもしれませんが、**知らないあいだに「断られやすい質問」をしている人は大勢います**。

例えば、「やはり遠いのは、難しいでしょうか？」は、難しいという言葉を引き出している質問です。

「奥様のご反対があるとご無理でしょうか？」も無理だという言葉を引き出しています。

「やはり厳しいですかね？」「少し時間を置かないと駄目ですかね？」も同じです。

ではどうすればよいと思いますか？

ちょっとした言いまわしで、お客様に与える印象はずいぶん違ってきます。


「遠いより近いほうがよいに決まっていますが、お気に召していただいたとしたら、利用回数は増えるのではないでしょうか？」

「奥様がご反対される場合でもご安心ください。私にご説明をさせていただけませんか？」

「ご検討までに時間が必要だというのは理解できました。時間が経過したと仮定する場合、検討するポイントは他にございますか？」


つまり「障害を理解しつつ購入検討をするとしたらどうか」という視点から質問をするとよいのです。

自然と主導権がとれてしまう質問とは？

まだまだ有効な質問の仕方はあります。

ひとつは、質問を投げかけ答えを聞いて、また質問をするキャッチボール形式です。

ボールの投げる位置を徐々に商品の説明に近づけていきます。

「何か保険はご加入されていますか？」
「何年くらいですか？」
「この辺の代理店なのですか？」
「アフターフォローはしてくれていますか？」
「新商品の案内はどうでしょうか？」

このように会話を進めながら、最終的には「こういう商品が発売になりました」や

「当社は地域密着なのでフォローがしっかりしていて安心です」などという情報につなげていきます。

次は、**「イエス」を会話に多用することで主導をとる**手法です。

「そうですよね」という受け流し、つまり「イエス」を会話にひんぱんに使用して、お客様の返答を肯定していきます。

「そうですよね。皆様何かしら保険は入っていらっしゃいますよね。この種の保険は皆様の加入率は高いです。でもこういうケースも多いのです。それは…」

この場合は**「そうですよね」に感情を入れることが重要**です。

お客様に受け流しをしてもらうための質問というものもあります。

「いまの時代、サイトを持っている企業様が多いですよね。でもネット活用が難しくありませんか？」

お客様にイエスという受け流しをさせておいてから、本格的に切り出すのです。問題を認識させるにはよい方法です。

お客様の本音を聞きだせる質問とは？

意外に思われるかもしれませんが**「簡単に答えにくい質問をする」**という方法もあります。

「○△様にとりまして、保険を選ぶいちばんのポイントは何でしょうか？」
「○△様が住宅を選ぶときに、譲れない点はどこでしょうか？」
「いまはご満足をされていると存じますが、こうしたらもっとよくなるとかの改善点はどこにありますか？」

「○△様のお考えでは、健康食品はどうあるべきだと思いますか?」

これらの質問は、**信念や本音を確認するにはよい手法**です。

また簡単には答えにくいので、お客様が少し考える点も重要です。

どんな商品やサービスにも、お客様のほうで「こうあるべき」という欲求があります。ですが、普段は口にだして言うことはありません。

また、お客様自身、現状に不満は持っているけれども、頭のなかで整理されていないために、具体的に言えないこともよくあります。

このお客様の理想と自社の理念に共通する部分があると、お客様との距離はぐっと縮まります。そうなれば何もしないでも成約できます。

お客様が言葉に詰まる場合は、こう切り出していくと会話が深まります。

「こういう質問は皆様お答えにくいようです。ご利用いただいているお客様の理想は○△という点が多いです。実際に、お客様は○△を実感されていますか?」

○△に自社の理念や商品の特徴を入れることで、お客様を誘導していくのです。

見込み客を選別できる資料送付のちょっとしたコツとは?

電話営業では、興味がある人だけに資料送付するのが基本だと書きました。

有力な見込み客かどうか判別するために有効なフレーズがあります。

「前向きにご検討いただけるのであれば、資料をご送付いたします」
「資料をご送付いたします。前向きなご検討ということでよろしいでしょうか?」

これを言うことによって、軽い気持ちでの資料請求はなくなります。

電話営業をしていると、「いま出るところだ。検討する」といって電話を切ろうとするお客様がいます。

そんなとき、あなたはどう対応していますか。

体《てい》よく断られたと、あきらめてしまっていませんか。

「前向きにご検討をいただけるなら資料を送付いたします」と言えばよいのです。

そうすればお客様は「送ってくれ」や「前向きじゃないからいらない」というように明確に返事をします。

この言葉は、ぜひ使ってみてください。

なんども申しますが、電話営業であれば、金額面の確認は絶対に必要です。

ここが電話営業の難しいところなのです。

それでは、どのように金額について切り出せば、電話を切られることがないのでしょうか？

もちろん言い方は工夫しないといけません。

「こういう経済背景を反映して、ほとんどのお客様は極力現金をお手元において、ローンを利用されています。月々３万６千円が多いですね。ご予算的にはいかがでございますか？」

このように、やわらかい言葉を使いながら、予算の確認をしていきます。

「そのくらいなら大丈夫だ」「結構するね」「何年なの?」といったお客様の反応がいろいろとでてきます。

大事なことは、**初回の電話では「ご予算的にはいかがですか」と言うだけでよい**という点です。

ついつい支払いの方法まで確認をとりたがる人もいますが、あせると元も子もありません。

これ以上は詰めないことが重要です。

資料送付には2つの意味がある

資料を送付することには2つの意味があります。

まずは**検討してもらうための材料を提供して、より真剣度を高めていただくため**です。

次は**送付した資料をお客様が読んでいるかどうかで、見込み客なのかを判断するた**

めです。

この2つを意識しているかどうかだけでも、成果は違ってきます。

通常資料を送付すると、1週間ぐらいしてからお客様に電話をすることが多いです。しかし1週間も時間が経過するとお客様の関心度が下がることも考えられます。また、お客様が不在で、2回目以降の電話がなかなかつながらないため、話が立ち消えになることもよくあります。

このために**資料送付をするときは、必ずこのトークをするように指導しています**。

「以前発送しても届かないケースがございました。ご迷惑を掛けるといけないので、ついたかどうかの確認だけさせていただいてよろしいでしょうか？」

こう言えば、ほとんどのお客様は問題なく了承されます。

宅配便であればお客様への着日を把握できます。また郵送でも出荷時間などから大体到着日がわかります。

その**翌日に電話をします**。

「資料は無事に到着しましたでしょうか？」

「昨日着いたようだ」

「まだご覧になられていないと存じますが、汚い字で本当にすみません。ご不明な点がございましたら、私までお気軽にお尋ねください」

資料が着いたかどうかの確認のトークで構いません。

ここで資料について質問がでたならば、資料を見ているということで、相当な見込客といえます。

このように**検討段階で見込み客を選別することがすごく大事**なのです。

確認のトークのあとは、このように続けてください。

「それではご検討よろしくお願いいたします。検討を急がせるつもりはございませんが、大体、ご検討期間はどのくらいでございますでしょうか？」

「う～ん、いま現場が忙しいから、10日くらいかな」

「わかりました。それでは10日過ぎました○月△日にまたお電話いたします。お時間はいまの時間帯でよろしいでしょうか？」

「いいですよ」

「では、いまぐらいと言いますと16時でございますね。それではよろしくお願いいたします」


こういう流れで話すと、お客様に検討することを意識づけすることになり、そのあとの成約率が格段に違ってきます。

ＦＡＸで資料送付するときの有効なテクニックとは？

ＦＡＸの場合も到着確認は有効です。

「弊社のＦＡＸは最新型ではございませんので、送信したら文字がにじんでいたケースがあります。ＦＡＸが届いたかどうかの確認をさせていただいてよろしいでしょうか？」

このようにトークしてください。
ＦＡＸを送信したら、５分後に再度電話をします。
ここでＦＡＸを見ている人は非常に関心が高いお客様です。
ＦＡＸの利点は、郵送より早くお客様の検討の度合いを計ることができることです。
また、ＦＡＸした資料をお客様に見ていただきながらそのまま営業ができるので、衝動買いを促し、成約率を高めることができます。

このあとの電話は完全にクロージングになりますが、営業スキルが高くないとなかなか難しいものです。

ですが、初心者に営業スキルを身につけさせるのは、労力も時間もかかり大変です。それまで結果がでないとなると、本人も会社も困ります。

そこで私は、**初心者でもすぐに営業スキルが取得できて、結果もたちまちだせるという夢のような方法**を考えました。

どうすれば初級者でもすぐに結果がだせるのか？

保険の営業で「払込免除は？」というような専門的な質問がでた例を前に挙げました。

ファイナンシャルプランナーなどの有資格者か、保険をよほど熱心に勉強した人か、過去に同じ質問があったというケース以外に、その場で約款を見ないで答えられる人はまず少ないと思います。

こういうお客様は加入意識が高いのかもしれません。

また過去に何か経験があるのかもしれません。

こういった質問があったときは、払込免除を理解されたなら、お客様は次にどういう行動を起こすかを想定することが大事になってきます。

しかし、初級者には難しいですね。

初心者がめきめき上達して契約がとれる秘策とは？

そこでいちばん簡単な解決策があります。

「払込免除については入社したてで勉強不足のため、上司がおりますので、ただいま上司に代わります」と言うとよいのです。

上司がうろたえることはないでしょう。

約款を見ないままではパーフェクトに答えられないとしても、営業現場にでていれば、お客様を納得させる説明をすることは、別に難しいことではありません。

単純だと思われるかもしれませんが、大事なことは、**初級者が困ったり、手に負えないことがあれば、すぐに上司に電話を代わること**です。

そのまま初心者が説明しようとしても、よいことは何もありません。

せっかくの見込み客をみすみす逃がしてしまいます。

初心者にいつも言っているのは、上司

に電話を代わってもらったあとは、**上司のトークを一字一句漏らさずに紙に書き、覚え込みなさい**ということです。

もしわからないことだらけで、掛ける電話のほとんどを途中で上司に代わってもらっている初心者がいたとしましょう。

「決して落ち込むことなんてありませんよ」と私なら声を掛けます。

だってその人は上司のトークをたくさん覚えることができるのです。

つまり上達が早くなるということです。

単純ですが、これが初心者が上達し、契約がとれる最上の方法です。

初心者でも有力顧客を見分けられるトークとは？

もうひとつ初級者がやりがちな失敗は、契約や購入をしそうだと自分では思っても、実際はそうでないケースです。

つまり有力顧客を見誤っているのです。

これも同じ方法で見極めができます。

「ご検討ありがとうございます。早々ご訪問させていただきたいのですが、ちょうど上司が会議を終えて戻ってきましたので、詳しくご説明いたします」

こう言われた場合、購入する気のない人は上司と話をしたくはありません。

「いいよ、代わらなくても。私も忙しいから」と言う人は、購入や契約にはいたりません。

その反対に堂々と待つ人は有力な見込み客です。

もし真剣にお客様が購入を考えている場合、商品やサービスについてより詳しい、より決裁力のある人と話をしたほうがよいに決まっているからです。

こういう言い方だとさらに効果があります。

「上司が役員会議を終えて3階より戻ってきました」

「最終責任者の部長がおります」

忙しくて普段不在が多い上司が運よくお話ができる——という感じを伝えましょう。

購入しないお客様を見分けるためのルールを作ろう

多くの企業に訪問しますが、「購入されないお客様を電話でどう区別されていますか？」と質問するたび、「そんなこと電話で区別できるのですか？」と驚かれます。

しかし、実は**購入しない客を見極めることは、それほど難しいことではありません。**

「あるサインがでたお客様は購入をしない」とルールを自分で決めてしまうのです。

例を挙げます。

これは私がゴルフ会員権を電話営業していた際のルールです。バブル当時のものですので、いまはマッチしないかもしれませんが参考にはなると思います。

「○△様は、月に何回ぐらいゴルフをされますか？」

「1、2回かな」

「ホームコースはお持ちですか？」

「いや持っていません。いろいろなコースでプレーしたいのですよ」

「それでは、もうゴルフのキャリアはかなり長いのでしょうか？」

「キャリアだけは長くて15年です」


この質問の回答だけで、このお客様はゴルフ会員権を購入しないと判断します。

そうしたら、ズバッとこう言います。


「このコース、購入されませんか？」

「いや、いいよ」

これで終了します。

「なぜそんなに詰めを急いだのか」と疑問に思われた方もいるのではないでしょうか。

- **月に1回以上プレーするということは、ゴルフは好き**
- **キャリアが10年以上ということは、ゴルフも詳しい**
- **それなのに会員権は持っていない**

つまりこの方は「ゴルフはステータスを追い求めるものではない」という考え方なのか、会員権は欲しいのだけれども資金力がないと推測できます。

特にバブルのころはコースの価値は上がる一方で、プレーしなくても多くの人が資産運用のために融資を受けて会員権を購入していた時代です。

ゴルフのキャリアがあって、プレー回数は多いのに会員権を持っていないということは、今後も買わないと予想されます。これがルール化です。

・キャリア10年以上
・月1回以上プレー
・所有コースなし

「上記すべてに合致するお客様は購入しない」とルールを自分で決めました。

あてはまればズバッとクロージングし、断られると次のお客様に電話をしました。

初回の電話で見極められると、サインがでたお客様に対しては粘る必要がなくなります。次の電話ができるのです。


ゴールデンタイムの時間は限られているので、**話をしてくれる人ではなく、購入に近い人を探すのが電話営業で結果をだすための鉄則**だと覚えておいてください。

こういうルール化は完璧に運用しなくても、考えることが重要です。

いま私が指導する場合は必ず、クライアントから情報を聞きだしながらルールをつくっていきます。

購入しないお客様のパターンを考えよう

ルールをつくるには、みんなで話し合うことがお薦めです。

経験のある人が集まれば、「こういうときは駄目だった」という話がでてくるでしょう。まずは、断られた事例をだしていきます。

例. 個人事業主へのホームページ制作営業

社員や身内にインターネットのできる人がいない
インターネットがわからない高齢者だった
……

例. 保険営業

50歳になるまで一度も加入していない
いま病気を患っている
……

このように駄目だった事例をだして、ルールを考えていきます。

なお、ルール化はあくまでも目安です。「絶対に駄目」ということではありません。

ですが、ルールを決めることで、初心者が電話をしやすくなったり、電話掛けが効率的にできるようになります。

また、ルール化について話し合うことで、トークを工夫するポイントが見えてきます。

エンパシートークを使った電話営業の極意1

「断りを受け止める」

ではここからは、資料送付後の2回目の電話についてお話していきましょう。

まず初回の電話との違いは、声の大きさです。決して大きな声である必要はありません。

詰めの電話のときは、見込み客であれば話を聞いてくれるからです。

大切なのは、目の前にお客様がいると思うことです。

私の場合、いきなり核心にふれます。

「ご多忙のところ申し訳ございません。私、笑顔ライフの尾島と申します。先日ご推薦をさせていただきましたが、ご検討は賜りましたでしょうか?」

ここの反応は様々ですが、多いのは断りです。

「検討したが無理だった」
「今回はなかったことにしてくれ」

最初の断りであきらめてはいけません。これはたいへん重要です。

資料を見たお客様であっても、仕事やプライベートで忙しく、商品（サービス）のことはほとんど頭から消えています。

そこにあなたが2回目の電話をします。

「今回はいいよ」というような返答をしたとしても、お客様は常に断ろうと考えていた訳ではありませんので、**丁寧に説明していくと興味が急にでてくることも多い**のです。

2度目の電話はお客様が話を聞く体勢でいることが多いので、1回目の電話より感情移入がしやすくなります。

エンパシートークを活用し、お客様との距離間を縮めるチャンスです。

重要なのは、**最初の断りであきらめてはいけない**ということです。

早すぎます。

まずは**堂々と断りを受け止めてください**。

エンパシートークを使った電話営業の極意2

「本音の確認」

お客様の本音を聞きだすには、断りを怖れてはいけません。

「検討する」と言ってくれていたお客様にクロージングの電話をした際、「検討したがいらない」と断られるとがっかりして電話を切ってしまう人がいます。

断りの理由は様々あります。

「忙しくてよく検討ができていない」「時期的なタイミングが悪い」「資金面が厳し

い」「競合が出現した」「第三者の否定的な意見」などがあります。

断りの理由さえしっかりつかめていれば、今回は断りであっても、見込み客として育て、1年後に成約になることは少なくありません。

「検討したが断り」という結論に至ったプロセスをつかむことが重要です。

お客様が商品やサービスのどこに魅力を感じ、反対に何がネックだったのかを、お客様の人間性とあわせて考えていくことで入り込む余地がでてくるのです。


それでは「検討したがいらない」と言われたときの対処法をお教えしましょう。

「どの点がネックでしたか？」「どの点をどのように検討されたのでしょうか？」と、断りの理由を分解していくことです。

こうして**断りの理由を掘り下げていくとお客様の本音が見えてきます**。

「何でもおっしゃってください」「今後のサービス向上のため」「次の商品開発につなげたいので」というようなエンパシーワードを入れると言いやすくなります。

エンパシートークを使った電話営業の極意3

「お客様の人間性をつかむ」

面談の営業だと、お客様の情報は視覚からも得られます。

表情・身振り手振り・体型などで、どんな人柄かを予測することができます。

実は電話も同じです。経験を積めば、**お客様の人間性や人柄が受話器越しに感じとれるようになります**。

ぶっきらぼうな話し方で主張が強い人は結論を急ぎます。要は何だとか、購入すればどうなるとか結果を知りたがります。資料を見て到着確認ですぐ購入することが多いのはこのタイプです。

話のペースが早くて、頭の回転の早い人は、明晰で明瞭なのが好きです。回りくど

い説明で話についていけない、急な質問に答えられないと途端にリアクションが悪くなります。

主張がなく、聞くことが多くて、それでいて意思は明確な人は、資料を隅から隅まで研究し、検討時間が長くても結論をきちんとだしてくれるケースが多いです。慎重な性格なので、電話営業ではいちばん本音を教えてくれません。

豪快なのか、几帳面なのか、社交的か、研究肌か、親分肌かなどを探るのです。

お客様の人間性を見極めながらトークを変化させてください。

親分肌ならこんな感じです。

「私も良いは良い、悪いは悪いとはっきりしている性格なんですよ。だからこそ、これは自信を持ってお勧めできます」

几帳面な人ならこんな感じです。

「先日のお客様は他社と随分ご比較されて購入されたのです。私共もご納得されるまでは決断されないでくださいと申し上げています。個人的に見ましてもご損はないと確信しております」

「イエスと言わせるクロージング」

クロージングの理想はこれです。

「手続きはどうすればよい？」
「こちらへ来てくれ」

この言葉をお客様に言わせるようにします。つまり、意思決定を促すのです。

「どういたしますか？」
「いかがなさいますか？」

基本はこういう言葉でクロージングします。

もうひと押し必要だという場合は、次のようなエンパシートークをカードとして切りながら、値引きや特典をだすとさらに効果的です。

「内々の話にしていただきたいのですが…」
「ここだけの話にして欲しいのですが…」
「○△様の胸のうちにおいて欲しいのですが…」
「これからお話しすることはご口外しないようにお願いしたいのですが…」

また、**お客様が真剣に検討すればするほど、無反応・無口・ため息といった反応がでます。**

これは悩んでいるサインで、関心度が高いことの表れです。

ここで注意することは、決して焦らないことです。間《ま》を十分に空けましょう。

一緒に黙ってみるのもよい手です。

エンパシートークを使った電話営業の極意5

「クロージングで断られたときの秘策」

クロージングで断られたとしても、まだまだあきらめてはいけません。ここから詰めが始まるとお考えください。

あなたは自社の商品（サービス）に絶対の自信を持って勧めているわけですからこう言います。

「なんと、もったいないですね」

堂々と自信を持ち、感情を入れて言い切ります。

次は、本音を確認します。

「ざっくばらんで結構です。何が原因でしたでしょうか？」

この「ざっくばらん」という言葉は、本音を引き出す最高の言葉です。
「資金だ」と予算の話がでた場合は、こう受け流してください。

「こういう時代ですから、現金はなるべくお手元において置いてください。ほとんど皆様は最長のローンで組まれています」

資金的な詰めはここでいったん止め、初回の営業トークに戻すのです。
最初の案内と同じで構いません。
初回よりももっと親しみを込めて、感情を移入します。
変える点はひとつだけです。

お客様に同意をさせるように言葉の最後を「〜でしょう」に変えます。

例えば、初回なら「この浄水器はトリハロメタンが除去できるのです」と言うところを、詰めなら「トリハロメタンが除去できるでしょう」に変えるのです。

これは「あなたの自信を伝える」「初回のことを思い出させる」「無意識に肯定させる」のに有効なテクニックです。

そしてまた予算に戻っていきます。

つまり、興味や関心という段階に戻さないといけません。

「断ったら、もったいないかなぁ」という思いを呼び起こす必要があるのです。

そしてお客様との距離が近づいたら予算に戻ってください。

現金はないけれども分割なら大丈夫なのか、それともすでに月々のローンが厳しいのか、本音を引き出しながら細かく聞いていきます。

column

お客様を真剣にさせるには？

テレアポや電話営業で難しいのは、優柔不断で、のらりくらりと返答をしない人や、「忙しい」「時間がない」といって検討すらしてくれない人です。

そんなタイプには、まず真剣にさせる必要があります。

「どの点を検討されて、問題点はなんだったのでしょうか」と聞いてみるのもよい手です。

お客様によっては、「今後のための資料集めでしたでしょうか？」「どの点をどのようにご検討されたのでしょうか？」と強めにでてもよいでしょう。

こういったトークは、お客様を真剣にさせることができます。

電話営業であっても、お客様とは対等だと考えてください。検討するという場合、「これ以上聞いてはどうかな？」と妙な遠慮はしないことです。

悔いを残さずに攻めきること。

アポ・契約倍増にはこれが欠かせません。

第5章

売り上げが3倍アップする「ピラミッド方式」

テレアポ・電話営業で最大の効果を生む「ピラミッド方式」とは？

４章で初心者でも契約がとれる方法として、上司の活用を提案しました。

その方法を組織的に確立したのが、これから紹介する「ピラミッド方式」です。

「ピラミッド方式」を導入すれば、飛躍的に成約率がアップします。

部下を抱える管理職の方にはぜひ知っていただきたいノウハウです。


電話営業で契約を増やすには、まず検討していただけるお客様を増やさないといけません。

分母が少なければ、やはり結果がでません。

そのため、初回電話の本数は多いほうがよいのです。これが基本です。

しかし、初回電話をもっとも多くした営業マンが契約もいちばん多いというわけでありません。

なぜなら、詰めは営業力で差がでるからです。だからこそ私が指導しているのが、次の方法です。

初心者を初回電話の担当にし、資料の到着確認コールまでさせます。そして詰めは上司がおこないます。

このときの詰めは、営業力のある人であることがポイントです。

このように、**営業力に差がある人材をうまく配置しながら、いまいる人材で最大の効果を上げるのが「ピラミッド方式」**です。

「ピラミッド方式」では、電話営業を3つのレベルに分けてグループにします。

①テレコーラー（初級者）
②リサーチャー（中級者）
③テレパワー（上級者）

グループで一丸として数字を上げていく仕組みなのです。

このグループ分けは固定ではありません。

電話の技術は、飛び込み営業などとは異なり、やり方次第では短期間で腕を上げさせることもできます。

初級者を中級者に育て、中級者を上級者に育てていくことで、より強力な営業体制ができあがります。

テレコーラー・リサーチャー・テレパワーの違い

まずテレコーラー・リサーチャー・テレパワーの違いを説明しましょう。

①テレコーラー（初心者）

・初回電話や資料送付後の到着確認までを担当
・スクリプトを目の前において、お客様に電話をして案内ができる

②リサーチャー（中級者）

・初回電話や資料送付後の到着確認までを担当
・お客様の興味がある点、ネックなどをある程度把握できる
・感情の移入がある程度できるので、同じ電話をしても見込み客はテレコーラーより多く獲得できる
・テレコーラーの指導をおこなう

③テレパワー（上級者）

・初回電話や詰めの営業などすべてを担当
・感情移入をして、断りのなかから購入や契約を勝ちとる力を持つ
・テレコーラーとリサーチャーの指導をおこなう
・スクリプトの変更ができるのはテレパワーだけ

落ち込んでいる人を救う「テレコーラーの育て方」

過去の経験から言いますと、テレコーラーが１００人掛けて全部断られたリストであっても、リサーチャーが電話したならば3〜10件の見込み客が拾えます。

その違いは、テレコーラーは表面的なトークしかできないため断られてしまうのですが、リサーチャーであれば一度断られたとしても、お客様に予備知識があるのを察知し、トークを深く掘り下げて検討までもってくることができるからです。

テレコーラーは電話に慣れていませんので落ち込みやすく、次の電話まで引きずって早口になり、声が小さくなることが多いです。

リサーチャーは電話に慣れていますので、トークの良い悪いは理解できます。

ただ自分でも電話をしていますので、そのつどテレコーラーに注意や修正をすることは難しいです。

そこで、白い紙に「ゆっくり」「語尾を弱めない」「明るく」「電話を代われ」「感情

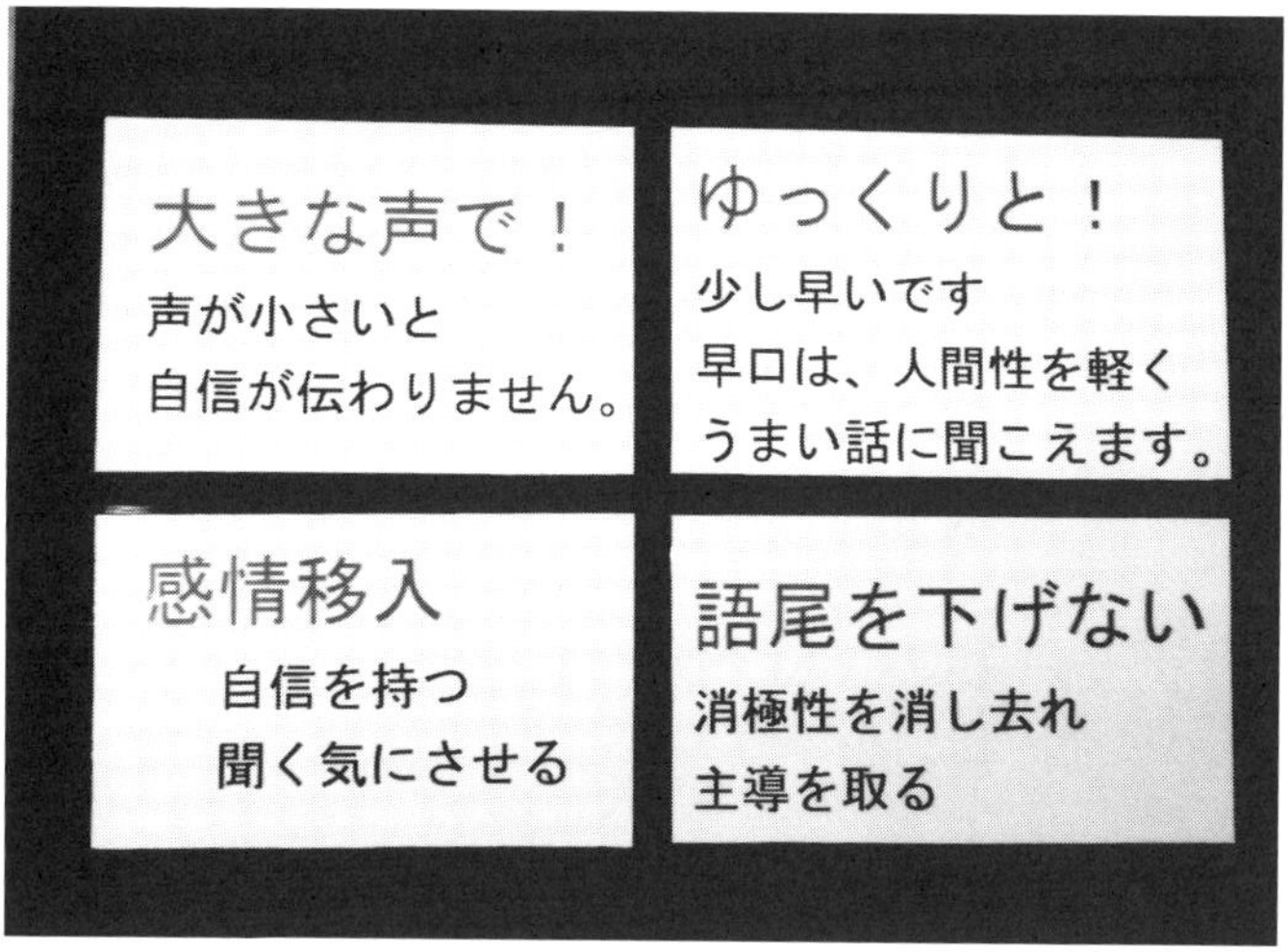
大きな声で！
声が小さいと
自信が伝わりません。
ゆっくりと！
少し早いです
早口は、人間性を軽く
うまい話に聞こえます。
感情移入
自信を持つ
聞く気にさせる
語尾を下げない
消極性を消し去れ
主導を取る

トークを修正するためのカードの例

移入しよう」などと書いたカードを用意します。

テレコーラーの電話に変化があれば、リサーチャーは自分で電話しながら、テレコーラーの前にカードをだし、指示をします。

テレコーラーは孤独感から立ち直り、そのあとのトークが修正できます。また、リサーチャーとの信頼関係もよくなります。

これにはリサーチャーにもよい効果があります。教えて初めて気づくことがあるからです。指導する以上、自分のトークを意識し常に修正するようになります。モチベーションや責任感が強くなっていくのです。

テレパワーがテレコーラーを指導する場合についてお話しましょう。

その重要な機会は、テレコーラーから見込み客がいるということで電話を代わったときです。

目の前に担当のテレコーラーを呼んで、自分のトークを覚えさせながら詰めをおこなってください。

テレコーラーはトークのスピード・間《ま》・語尾の上げ方・声の力強さを学ぶことができるため、技術の上達が早くなります。テレパワーの実力に近づく早道です。

また**テレコーラーは、テレパワーにいつでも電話を代われるため安心して電話ができ、トークに自信がでてきます。**

もちろん、テレパワーに代わることで成約率がアップするということも忘れてはならない利点です。

伸び悩みを解決する「リサーチャーの育て方」

リサーチャーになると、その担当者ごとにある程度、電話のパターンができています。つまり得意なお客様が決まってくるのです。

・性別（男性・女性）
・職業（建築業・公務員など）
・性格（ねちっこい人と話があう・あっさりしている人と相性がいいなど）

また、ある質問がお客様からでると、回答から一気に距離を近づける人もいます。

成約の件数が増えてくると、成功体験が記憶されることで自信が生まれます。

リサーチャーの成果を高めるには、得意としている人以外でも自分自身のパターンに落とし込めるように、テレパワーが指導していく必要があります。

オールラウンドに対応できるようになれば、数字の落ち込みが少なくてすみます。

でも、テレコーラーを指導することがプレッシャーになり、精神的な余裕が消えて、一時的に成績が下がるリサーチャーもいます。

でも信頼して任せてみることです。

テレパワーが営業などで社外に出る際、そのあいだはリーダーを任せてください。期待に応えようと責任感が生まれ、徐々にリサーチャーというポジションに慣れてくるはずです。

テレパワーは仕事量が多く、責任感も強いので、ひとりで苦労していることが少なくありません。リサーチャーを育てることで、責任分担ができ、スムーズに仕事がこなせるようになります。

「ピラミッド方式」の適正人数ですが、「テレパワー1人・リサーチャー2人・テレコーラー4人」までがよいバランスだと思います。このひとグループを複数設け、グループ同士で競争させるとさらに一体感や活気がでます。

テレコーラー・リサーチャー・テレパワーはここが違う

テレコーラー

- 初回コールと到着確認をおこなう。
- テレアポや電話営業に慣れることが課題。
- 到着確認で、お客様の関心度を見極める練習をする。
- 好感触のお客様が見つかればテレパワーに電話を代わり、トークを覚える。

リサーチャー

- 初回コール・到着確認・簡単な詰め(業種による)と、テレコーラーの指導をおこなう。
- 詰めはテレパワーに依頼し、その詰め方を学ぶ。業種によっては営業に同行する。
- テレコーラーを指導することで気づきが多くなり、スキルとモチベーションがアップする。

テレパワー

- 初回コールから詰めまでをおこない、テレコーラーとリサーチャーを指導する。
- テレコーラーやリサーチャーと情報を共有するために、現場でみんなと一緒に電話をする。
- 全体の達成目標・スクリプトの変更・ツールの作成などをおこなう。

メールとネットを組み合わせれば相乗効果がある

テレアポや電話営業をしていくと、いますぐ購入や契約はしないけれども近い将来可能性がありそうなお客様が必ずでてきます。

そういう場合は**必ずメールアドレスを聞くようにしてください。**

見込み客をデータベースにし、1ヶ月に1回はフォローメールをおこない、お客様との関係を切らないようにするのです。

定期的なメールフォローができれば、新規開拓に集中できるようになります。

また**データベースにすれば、必要な情報はいつでも検索してとりだし、アプローチが可能**になります。例えば、車検日・リース終了日・誕生日といった何かの節目がビジネスチャンスです。

顧客リストのデータベース化

メリット

- 「朝早い」「夕方戻り」「土日のみ」「初回トークなし」など、不在者をすぐ検索できる。
- 情報を全社員で共有できる。
- 担当者が退職してもデータが活用できる。
- リストが膨大になっても保管がしやすい。

デメリット

- 入力には手間と時間が掛かる。
- 情報を上書きするために、消去ミスや記載ミスのリスクがある。
- データ入力する項目は途中で変更できない。
- データベースソフトは、市販のものは安いが、汎用のため使いにくい面がある。また、自社用にオリジナルで制作するとコストが掛かってしまう。

こういった情報をデータベースに入力しておくとその後に効果を発揮します。

つまり、「埼玉県＋○年＋△月＋リース」「△月＋誕生日」といった検索で見込み客をリストアップし、テレアポや電話営業をするのです。


メルマガを発行することもリストを集めるには効果的です。

メルマガは簡単に発行できます。自社の配信スタンドはリストが入手できるメリットがあり、「まぐまぐ」のような無料の配信スタンドはリストが入手できない代わりに登録すれば気軽に発行できます。

「3日置きに合計10回メールマガジンを発行する」というように、メール配信の日程を決め、あらかじめ内容を作っておきましょう。ステップメールを利用すれば自動的に配信してくれます。

最初はお客様が興味を引く内容にし、途中から「商品やサービスの特長」「よくある質問」「お客様の声」を入れて、キャンペーンなどに誘導していくのです。

資料請求があれば資料が届いた頃とか、1週間くらいして検討中のときにそれぞれ

フォローメールの実例…ホームページ制作の場合

電話の翌日に送信

○△様

お世話になります。

先日はお電話で貴重なお時間を頂戴して、ありがとうございました。

ネット販売は日進月歩の世界です。現実世界に比べると、速度が7倍早いと言われています。

メールを少しやる程度で、ネット販売はもう少し先とお聞きしました。

しかしネット販売の世界が7倍早いということは、早いほど成果がでやすく、成果がでれば大きくなるという意味にもなります。

ぜひ、近い将来お役に立てる日を楽しみにしております。今後ともよろしくお願いいたします。

1ヵ月後に送信

○△様

お世話になります。

1ヶ月前にお電話させていただきました笑顔ライフの尾島です。

私の地元に大きなショッピングモールが出現して、すごい集客力に地域商店は悲鳴を上げています。

こういうケースは防ぎようがありませんね。

でもネット販売は、全国へ情報発信・販売ができますので、新しいチャンネルとして、今のうちから準備されることをお薦めいたします。

ちょうどいま、年末までキャンペーンを実施しています。

下記サイトには限定のお得な情報が満載です。いの一番でのお知らせです。

URL　http://○△○△○△○△（キャンペーンサイトへ誘導する）

ぜひ、今後ともよろしくお願いいたします。

作成しておいたメールを自動的に送信します。

ネットでリストが収集できれば、メールと電話で見込み客への営業ができるわけです。

電話営業をメール・データベース・ネットと融合していくと、非常に効率的で生産性が高くなります。

column

テレアポ・電話営業で成功する習慣とは？

眠りにつくときに、電話をしたらアポや契約がすぐに決まるというイメージを持ちながら寝るとよいです。これをすると、寝ているあいだに頭脳が「テレアポの成功」「営業の成功」というゴールに向かって動きだします。

自転車を乗り始めたころを思い出してみてください。うまくいかなくても繰り返し練習したはずです。

テレアポ・電話営業も同様に「前日の段取り」「寝る前のイメージ」「翌日の実践」を毎日の習慣にしてください。すると数字は飛躍的に伸びます。

これは身体が自転車に乗ることをマスターしたのと同じように、脳が「テレアポ・電話営業で成功すること」を自動的に体得するからです。

自転車に乗ることのように、誰でもそれが可能なのです。

前日に段取りをおこない、寝る前に成功をイメージし、翌日は朝から営業力全開でエンパシートークを実践してください。

第 6 章

知らないと損をする「リストの集め方」と「スランプ脱出法」

成功率を上げるための法人リストの作り方

テレアポや電話営業は飛び込み営業と違い、データさえよいものであれば、ピンポイントで効率よく営業ができます。

そのため、リストは重要です。

法人リストの入手先は様々あります。

例えば、電話帳・業界誌・政府刊行誌・出版物・折込広告・求人広告・法務局などです。

費用をかければ、民間データ会社で、「法人設立後間もない会社」や「利益がでている企業」といった細かな選出がいくらでもできます。

またネットでヤフー電話帳などを使えば、地域や業種などが検索可能です。

成約数がぐんぐん伸びる個人リストの作り方

個人の場合、個人情報保護法がありますので、情報の入手先を聞かれたときはその対応トークを準備しておく必要がでてきます。

ちなみに「電話帳です」という返答でも個人情報保護法をクリアしています。利用目的が違反でなければ、「ご迷惑であれば、今後お電話をいたしません」という対応でも大丈夫でしょう。

また法人も同様ですが、ネットを使って集客することも可能です。無料で小冊子などを配布して、囲い込んでいく手法は多くの企業がおこなっています。

個人リストの入手先は、個人情報保護法を遵守していない企業の参考になるといけないので細かく記載できませんが、電話帳は多くの企業が利用しています。

他にリストを収集する方法としては、プレゼントの告知を自社ホームページでおこ

ネットでのデータ収集方法

自社サイトでの収集

●資料請求、セミナー開催、無料メルマガ購読、無料小冊子ダウンロード、プレゼントキャンペーンからリストを収集する。

ポータルサイトやサテライトサイトを制作・運営して収集

●地域ごとに細分化した無料の口コミ情報サイトや比較サイトなどを制作し、アクセスを集める。そして会員登録からリストを収集する。教育関連であれば下記のサイトが考えられる。

- 出産の悩み相談サイト
- 産婦人科医院の比較サイト
- 幼稚園・保育園・塾・小学校・中学校などの口コミサイト
- 習い事（水泳・ピアノなど）の口コミサイト

サイトの例

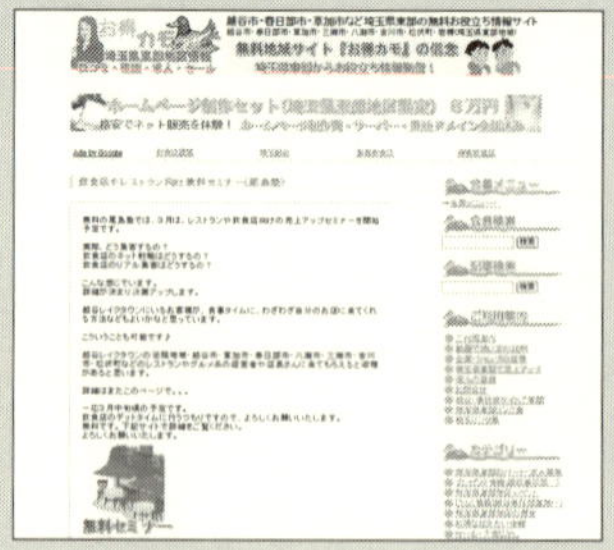

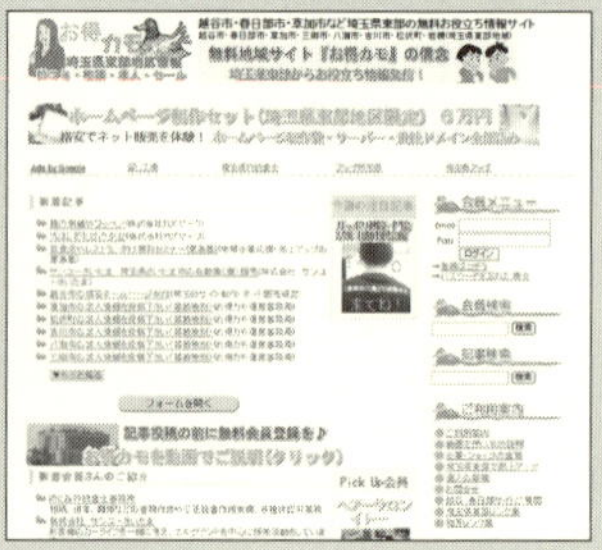

なって会員登録をさせたり、展示会や勉強会などのイベントで集客したりすることが挙げられます。

なぜスランプになるのか？

スランプは誰にでもおきます。

スランプは売り上げや達成目標などの数字が変動したときにやってくるケースが多いです。

結果をだそうといろいろと工夫をしてみても、結局はスランプの長期化を招くことになるだけです。

スランプから脱出するには、トークを変えるのではなく、原因となっている心の状態を修正する必要があります。

スランプは次のような心理状態をきっかけに始まります。

①自分の成績が悪いため、自信を失っている
②チーム（会社）全体の数字が悪いため、自信を失っている
③締め日が近くなり、焦っている
④直前の結果がよくて安心し、気持ちが緩んでいる

スランプは慢心・油断・焦り・強すぎる責任感から生じます。

つまり、すべての原因は「心」です。

「調子はどうですか？」と聞くと否定的な返答をする人は、すでにスランプのトンネルのなかにいます。

スランプになるのも脱するのも、すべてあなたの心次第――。

一生懸命に仕事をするという曇りのない状態に自分の心を誘導することが重要です。**積極性は自信を生みます。自信が結果につながる**のです。

トークが早くなったときのスランプ脱出法

スランプのいちばん多い症状は、トークが早くなることです。

トークが早くなるとお客様のかすかな反応がとれなくなり、一人しゃべりになります。修正が遅いと、迷路に入り込んでしまいます。

自分で意識して直そうとしてもトークが早くなってしまうときは、手振り身振りを取り入れるだけで修正されます。

「そうですか〜。そんなことをおっしゃらないでくださいよ。この商品は他ではないすばらしい特長があります。それは…」というトークであれば、例えばこのように身振り手振りを入れます。

「そうですか〜。そんなことをおっしゃらないでくださいよ」

（右手を軽く上から下ろす）

「この商品は他ではないすばらしい特徴があります」

（右手を差し出す）

「それはですね…」

（右手を軽く内から回す）


こういう右手の手振りを入れるだけで一人しゃべりの速さがなくなり、お客様の反応がとれたり、説得に強弱が自然とでるのです。

この手振り身振りはあくまでも例です。どんな動作であっても「このトークのときはこの動きをする」と決めれば、必ずゆっくり話せるようになります。

初心者に効くスランプ脱出法

テレコーラーは、自信のなさや恐怖心からスランプが始まります。

自信をつけるには3つのポイントがあります。

- **積極性を失わない**
- **電話の本数をこなす**
- **基本事項を素直におこなう**

「数字が上がらないから自信がない」と言う人がいますが、本当は「自信がないからそれがお客様に伝わり結果がでない」のです。

まず**心を強く持ち、積極的になること**です。

電話する本数を増やすためには、ゴールデンタイムに一気に掛けられるように、段取りを何よりも心掛けてください。

また、上司に電話を代わることを含め、基本をもう一度学ぶことも重要です。

仕事とは、自分なりに仕事をすることでもなく、自分の経験で仕事をすることでもありません。教えられたことを素直におこなう気持ちを忘れていませんか？

まずは自分のよい部分もすべてポケットにしまって、真っ白から始めてください。

それで結果がだせるようになってから、自分の色をだせばよいのですから。

中級者に効くスランプ脱出法

リサーチャーは責任感を持ち始めていますので、数字がでないときなど、焦りがでてきます。

しかし、焦ると得意な部分までおかしくなります。

するとお客様を一生懸命説き伏せようと、しゃべりすぎるようになるのです。

焦ると、トークが早くなる・しつこくなる・詰めすぎるという反応がでます。

全体的にトークが強すぎるようになります。「何で検討しないのですか！」という言葉は実際に言わないにしても、このようなニュアンスが電話から伝わってしまっているのです。

それを感じたら、テレパワーが注意してあげてください。

電話の会話で**「お客様と笑うこと」がスランプ脱出の糸口**になります。毎回でなくても構いません。会話をしながら笑うことで、コミュニケーションが格段によくなります。

すると焦りがなくなり、仕事を楽しく感じられるようになって、本来のトークのリズムが戻ってきます。

また、煮詰まりすぎなので、休憩時間を長くしてリラックスさせたり、夜飲みに行き一緒に騒いだりしてストレスを発散させるのもよいでしょう。

上級者に効くスランプ脱出法

テレパワーも数字からくるプレッシャーでスランプに陥ります。

症状としては、2回目の詰めでおこなうようなトークを初回コールでしてしまうことがよくあります。

感情移入してせっかく興味がでてきたお客様に対して、一気にクロージングするようなリサーチを知らないあいだにしてしまっています。

初回コールが詰めトークになってしまうので、お客様はストレスを感じてスッとかわします。もちろん数字が振るわなくなります。

ここから微妙におかしくなるのです。

初回コールは商談できるお客様を探すことです。

お客様が興味を示したら、深くリサーチしたい気持ちをぐっと抑え、**まずは資料送付にするケースを意識的に増やしてみること**です。

初回コールで見込み客が増えていかないことには、詰めをする機会が減る一方なので、結果が振るわなくなります。

見込み客さえ増えていけば、詰めをする件数が保たれます。技術はもともと高いので、自然と結果がついてくることは間違いありません。焦りも消滅して、スランプから脱出できます。

スランプはもう怖くない！

電話する本数が少なくなれば、どんなに技術があっても数字は上がりません。

電話の数が少ない場合は、不在者リストやゴールデンタイムの段取りをもう一度見直してください。そして、ターゲットのお客様と電話で話をする最低本数を決めて厳守しましょう。


テレパワーのような上級者では全体の指導や営業などで時間不足になり、電話の本数が足りなくなることがあります。

どうしても電話をする時間がとれない場合は、事前にメールアドレスを聞いておくことが効果を発揮します。

お客様に定期的なメール配信することができるからです。

購入済のお客様に送付するフォローメールに「お友達をご紹介してください」と紹

介依頼をすることで、見込み客を呼び寄せることもよいでしょう。

運や不運などに負けない強い自分を確立できれば、**スランプは怖くありません。**

結果で自分の心が勝手に動くから、自信がぐらつきスランプになるのです。

結果は気にしなくても構いません。

あとから必ずついてくると信じることです。

自分を信じ、上司を信じ、同僚を信じ、部下を信じ、商品を信じましょう。

少しばかり結果がともなわないからといって、気持ちがぐらついては駄目なのです。

また、もっと大事なことは、一生涯、仕事を通じて何をおこなうのか、何を残すのか、という長期的な部分で自分の本質と向き合うことです。

あとがき

仕事で大切なことは売り上げや成績ではありません。

売り上げや成績は結果に過ぎないからです。

本当に大事なことは、目的を達成しようとする懸命な姿勢とやり遂げるという強い信念です。

これがぶれなければ、月単位の凹みはあっても必ず結果はでます。

心が強くなることで結果はどうにでもなるのです。


ひたむきさと信念を総点検してください。

誰もが同じように仕事をしているのに結果に差がでるのは、テクニックより重要な部分があるということです。

仕事とプライベートは別なのは当然ですが、1日の大半の時間を仕事に費やしている以上、必ずその人の生き方が仕事に反映されます。

私はコンサルティングをするときに重要なポイントと考えていることがあります。それは仕事に対する姿勢です。

「最近どうですか？」とお聞きすると、「ガチャ切りが多くて」「厳しいね」「競合が多くて」「値引き合戦だから」と**消極的な意見を言う人は絶対に結果がでません。**

まわりを見てください。

同じ状況下で数字を上げている人がいるはずです。

できない理由を弁明しているうちに、無意識にできない自分を自身の内面から作り上げてしまっているのです。

できない理由が自分以外の何か（商品力・会社の規模・経済状況など）だと感じていたところを、視点を変えて、自分ならばどう工夫するかと考えてみましょう。

目の前のことを全力で一生懸命やることで、必ず結果はついてきます。

人にできることは、人である以上、あなたも必ずできることなのです。できることを、誰よりも自分自身でまず信じてください。

あなたは、あなたが想像できないような、はるかにすばらしい才能と、大きな力を持っています。

電話が大嫌いで、ずっと悩んでいた私ができたのですから、誰でもできるはずです。自信を持ち、自分を信じて、積極的にいまできることを始めましょう。

意識が変わるだけで、結果が格段に違ってきます。

ぜひ本書を何度もお読みいただき、エンパシートークをマスターしてください。いつでも私は応援しています。

平成21年4月

尾島弘一

電話《でんわ》嫌《ぎら》いな人《ひと》ほど成功《せいこう》するテレアポ・電話《でんわ》営業《えいぎょう》バイブル

2009年6月15日　初版第1刷
2017年10月20日　　　第6刷

著　者 ―――――――― 尾島弘一《おじまひろかず》
発行者 ―――――――― 坂本桂一
発行所 ―――――――― 現代書林
〒162-0053　東京都新宿区原町3-61 桂ビル
TEL／代表　03(3205)8384
振替／00140-7-42905
http://www.gendaishorin.co.jp/
カバーデザイン ――― 吉﨑広明(ベルソグラフィック)
イラスト ―――――― 小林たけひろ

印刷・製本：広研印刷(株)
乱丁・落丁本はお取り替えいたします

定価はカバーに
表示してあります。

ISBN978-4-7745-1190-0 C0063